常德传论中国企业之道

常德传 著

图书在版编目（CIP）数据

常德传论中国企业之道 / 常德传著. —北京：中央编译出版社，2011.7
ISBN 978-7-5117-0935-6

Ⅰ.①常… Ⅱ.①常… Ⅲ.①企业管理—研究—中国
Ⅳ.①F279.23

中国版本图书馆CIP数据核字（2011）第133111号

常德传论中国企业之道

出 版 人：	和 龑
责任编辑：	周新力
责任印刷：	尹 珺
出版发行：	中央编译出版社
地　　址：	北京西城区车公庄乙5号鸿儒大厦B座（100044）
电　　话：	(010) 52612345（总编室）　(010) 52612366（编辑室）
	(010) 66130345（发行部）　(010) 66509618（读者服务部）
	(010) 66161011（团购部）　(010) 52612332（网络销售部）
网　　址：	www.cctpbook.com
经　　销：	全国新华书店
印　　刷：	北京中印联印务有限公司
开　　本：	889毫米×1194毫米　1/16
字　　数：	110千字
印　　张：	16
版　　次：	2011年8月第1版第1次印刷
定　　价：	48.00元

本社常年法律顾问：北京大成律师事务所首席顾问律师　鲁哈达
凡有印装质量问题，本社负责调换。电话：(010) 66509618

序 PREFACE

我始终认为,在我国从社会主义计划经济向社会主义市场经济体制转变过程中,企业改革与发展必须坚持从实际出发,从国情出发,企业管理要不断创新,要坚持"以我为主,博采众长,融合提炼,自成一家",要走出中国自己的新路子。这些年来,从常德传同志身上我们欣喜地看到了这种执著追求和卓越成效。

常德传同志1981年担任青岛港务局副局长,成为全国沿海港口中最年轻的港务局领导,1984年担任青岛港党委书记,1988年实行局长负责制后担任局长。在他的领导下,青岛港发生了翻天覆地的变化,进入了崭新的时代。他在工作中始终"坚持党的基本路线,坚持'邓小平理论'、'三个代表'重要思想和科学发展观,坚持一切从实际出发,把青岛港自己的事情办得更好"的指导思想,使青岛港有准确的发展方向和有力的工作着力点,闯出了一条振兴国有企业的成功之路。

20世纪80年代初期,在他担任青岛港领导人之初,青岛港还是一个吞吐量只有2000万吨的国内支线港,可以说是困难重重、举步维艰。经过 20 多年的改革与发展,现在青岛港已建成 3 亿吨规模的世界第七大港口,成为我国重要的区域性国际航运中心,为中国的经济建设做出了重大贡献。

作为一个企业家,常德传同志不照搬照抄,不随波逐流,而是紧密地结合青岛港的实际,将西方发达国家的现代管理经验和中国传统管理思想的精华有机融合,成功地创造出具有中国特色的社会主义企业管理模式——青岛港模式。青岛港模式丰富了中国式企业管理的内涵,为国有企业改革与发展闯出了一条成功之路,为中国企业管理水平的提升做出了贡献。

20 多年来,常德传同志领导青岛港员工追求卓越、勇往直前,创造出了一个又一个崭新的业绩,这些业绩让我们为之振奋,让我看到,国有企业改革的又一丰硕成果,更加坚定了国有企业改革必定成功的信心!常德传同志把他 20 多年的企业管理经验和创业感悟整理出版,我认为很好,非常有价值。希望企业管理者能够从《常德传论中国企业之道》中受到启发和激励。更希望常德传同志能够带领青岛港广大员工继续拼搏进取,把青岛港发展得更好更快,创造出更多的好经验,为中国企业,特别是国有大型企业的科学发展做出新的贡献!

青岛港简介

青岛港始建于1892年，是国有特大型企业。现有员工2.4万多人，其中农民工8000多人。主要从事集装箱、原油、铁矿石、煤炭、粮食等各类进出口货物的装卸、储存、中转、分拨等物流服务和国际客运服务，与世界上130多个国家和地区的450多个港口有贸易往来。拥有可停靠1.5万个标准箱船舶的世界上最大的集装箱码头，可停靠40万吨级超级巨轮的矿石码头、30万吨级原油码头和10万吨级煤炭码头。

1978年青岛港总资产仅为1.8亿元，到2010年年底，总资产已经达到270多亿元，是1978年的150倍，这150倍的增长基本上全部是港口自我积累形成的，实实在在地为国家创造了260多亿元的优良资产。改革开放以来，青岛港上缴国家的各种税费196亿元，相当于为国家贡献了140多个改革开放初期的青岛港。提前17年还清所有债务，港口负债率为零。连续7年保持上缴地税青岛市第一，连续3年上缴国有资本收益占青岛市的一半以上。荣膺中国企业500

强、中国服务业企业500强和中国企业效益200佳。

青岛港先后荣获全国优秀企业金马奖、"五一"劳动奖状、全国国有企业创建"四好"领导班子先进集体、全国模范劳动关系和谐企业、首批全国质量管理奖、首届袁宝华企业管理金奖、全国文明单位、全国创建学习型组织标兵单位、全国节能减排最佳企业等200多项国家、省、市、部级金奖。

自1995年以来,青岛港一直是全国交通系统学习的典型和全国港口行业唯一的"示范窗口",并连续三次被国务院确定为国有企业重大典型,连续三次被中宣部、中组部等六部委选为振兴国有企业报告团成员在全国巡回报告。2007年7月15日,中宣部、全国总工会、交通部、山东省委、青岛市委联合在人民大会堂隆重举行了"青岛港科学发展模式高层研讨会",高度评价"青岛港成功地创造了具有中国特色的社会主义企业管理模式——青岛港模式"。2007年4月25日、12月14日,中央政策研究室两次在中南海召开青岛港贯彻落实科学发展观座谈会,一致认为:青岛港的科学发展实践是党和国家、社会的宝贵财富;青岛港是国有企业改革与发展的一面旗帜,是贯彻落实科学发展观的成功典范,是实现又好又快发展的榜样,是构建社会主义核心价值体系的典型代表。2010年8月15日,中央省市八部委联合在北京人民大会堂举办了"农民工——新时期产业工人的生力军'青岛港经验'高层研讨会",在全国推广青岛港农民工队伍建设管理经验。2011年8月24日,全国深化创新厂务公开民主管理工作会议在青岛港召开了长达三个多小时的现场会，中共中央书记处书记、中央纪委副书记何勇同志全程参加，详细查看每一个环节，高度评价："青岛港对办好国有企业有深刻的借鉴意义，要在全国推广青岛港的典型经验。"

青岛港赢得了党和国家领导人的高度褒奖。胡锦涛总书记肯定青岛港在国际金融危机的严峻形势下"取得了比较好的成绩，来之不易。"吴邦国委员长亲笔批示："国企改革使老企业焕发青春，究其成功原因，常德传同志功不可没。"温家宝总理看了《常德传论国企》后高度评价："这是你四十年国企管理经验的结晶，很好，不容易。"在2010年全国"两会"期间又高度评价："青岛港很重要，而且也出人才。青岛港有着非常好的基础，无论是管理还是工人队伍的素质都非常好。"

目 录

第一章 责任是企业之根

作为企业,要履行好企业的责任;作为一个企业的带头人,要履行好企业家的责任;作为企业的管理者,要履行好企业管理者的责任;作为企业的一名员工,要履行好一名员工的责任。责任是企业之根。

干国企就是要给国家"打工" ································003
当好"长子" ·······································008
只有定好位 才能负好责 ···························013
吃苦受累 克难而进 ································017

第二章 战略引领发展

对于企业而言,指导企业全部活动的是企业战略决策,全部管理活动的重点是制定战略和正确决策。战略决策在企业生产经营过程中始终是起引领和定位的作用。

发展始于战略 ·····································025
大胸怀锁定人战略 ································033
战略要应时而变 ··································040

第三章　发展是硬道理

科学发展观强调，发展是第一要义，就是强调在社会主义初级阶段我国的主要任务是发展，必须坚持以经济建设为中心，必须把解放和发展生产力作为根本任务，必须把实现社会主义现代化作为我们的根本目标。

发展创造一切 …………………………………047
有条件要发展　没有条件创造条件也要发展 ……… 051
一切从实际出发 …………………………………058
绿色发展是大势所趋 ……………………………065

第四章　管理有法　管无定法

我很赞同现代管理学大师彼得·德鲁克对管理下的定义："管理就是界定企业的使命，并激励和组织人力资源去实现这个使命。界定使命是企业家的任务，而激励与组织人力资源是领导力的范畴，二者的结合就是管理。"

塑造一个信仰、一个声音、一个劲头 ………………073
管理要上去　重心必须下去 ……………………078
既要严管　更得厚爱 ……………………………083
安全管理没有"下不为例" ………………………087

第五章　人才是第一资本

"人才是经济发展的财富之源，是真正意义上的第一资本"。企业与企业之间的竞争、地区与地区之间的竞争，甚至国与国之间的竞争，归根结底就是人才的竞争。谁拥有了人才，谁就拥有了竞争优势。

成也在人，败也在人 ……………………………… 093
企业要把提高员工素质当成良心活 ……………… 098
岗位学习　人人都可以成才 …………………… 107
为员工量身打造成才通道 ………………………… 112

第六章　创新兴　企业兴

创新是人类不断突破现有消极的、阻碍人类社会发展的思想束缚、不断向上飞跃发展的过程。创新是企业发展进步的灵魂和支柱，它决定企业是领军者还是跟随者。

继承创新是企业的唯一出路 …………………… 123
用创新的思维引领创新的行动 ………………… 131
人人创新　岗岗创新　零距离创新 …………… 138

第七章　风气决定成败

风气和决策是相辅相成的，风气不好，决策也不会正确，就是假的。风气不正，决策再好，也落实不下去。对于一个企业来说，风气决定成败。

风气不正　一事无成 …………………………… 151
领导要取信于民　说到做到 …………………… 156
树好风气　带好队伍 …………………………… 161

第八章　信立金字招牌

品牌是一种标识，更是社会、公众和市场对一个企业的认知、评价和印象，是一种重要的经营资产。它已与企业的整体形象联系起来，是企业的"脸面"。

诚信是最过硬的品牌	169
效率也是品牌	174
练绝活，创品牌	178
市场检验品牌	182

第九章　凝聚精神　文化致远

企业文化用一种共同的价值观念与温馨和谐的文化氛围把全体员工凝聚在一起，最大限度地激发和调动员工的积极性与创造性，鼓舞着员工的士气，培育着员工的技能，凝聚着企业的精神，塑造着企业的形象。

打造灵魂工程	189
塑就企业的性格	195
要让企业文化像空气一样无所不在	200
企业长盛不衰的根本动力	205

第十章　共创和谐　和合共生

共创和谐是全人类的共同愿景，是中华民族多少代人不懈奋斗的目标，是企业家的神圣使命。共创和谐，才能实现企业长盛不衰，才能使我们员工生活得更加幸福、更有尊严，进而推动整个社会更加繁荣，国家更加富强，人类更加文明和进步。

家和万事兴	213
得道多助　失道寡助	219
和谐要共建共享	224
努力营造和谐的氛围	229

第一章
责任是企业之根

责任，就是分内应做的事情，也就是承担应当承担的任务，完成应当完成的使命，做好应当做好的工作。从本质上来说，责任是一种与生俱来的使命，它伴随着每一个生命的始终。

在我们的生活、工作中，责任无处不在：父母养儿育女，老师教书育人，医生救死扶伤，工人生产作业，军人保家卫国，等等，无时无刻不需要责任来支撑。有责任意识，再艰难的处境也摧垮不了你前进的坚强意志；没有责任意识，再顺利的条件也容易让你止步不前；责任意识强，再大的困难也能够克服；责任意识差，再小的问题也会成为不可战胜的阻力。

作为企业，要履行好企业的责任；作为一个企业的带头人，要履行好企业家的责任；作为企业的管理者，要履行好企业管理者的责任；作为企业的一名员工，要履行好一名员工的责任。责任是企业之根。

干国企就是要给国家"打工"

青岛港是"国家队",就要做国家的中流砥柱,就要当好共和国的长子,祖国母亲的孝子。我们就是要对国家贡献了再贡献,当好国家的忠臣良将,就是要带领广大员工艰苦奋斗,建好我们的家园,过上幸福美满的好日子。

中国国有企业本质上是社会主义公有制的主要实现形式,是国家引导、推动、调控经济和社会发展的基本力量,是实现广大人民群众利益和共同富裕的重要保证。因此,对中国的国有企业而言,其经济属性要求它不断提高经济效益和劳动生产率,实现国有资产的保值增值;其政治属性和社会属性要求它必须承担起扩大就业、维护稳定、发展先进文化等方面的责任。

而且中国国有企业的特殊性必然使其担负着,就是一为国家,二为社会,三为员工。也就是说,中国国有企业作为国有的经济组织,既要承担经济责任,也要承担政治责任,还要承担社会责任。既然是"国家队",我们就要永远听党话,永远跟党走,永远报党恩,千方百计考虑怎么为国家多作贡献。作为国有大型企业,我们时时处处争创一流,誓夺第一,就是要为国家多作贡献，多创收多缴税，实现国有资产的保值增值。

作为一个国家特大型港口，我们青岛港就是要建设发展好港口，为国家的经济发展、社会进步服好务。我们国有企业的领导者实际上就是要给国家"打工"。港口是微利行业，不是那种高收入、高报酬的企业，我们一要对国家负责，给国家上缴的一分也不能缺；二要保证两万多员工吃饭；三要发展；四还要积累。所以，我们必须铭记国企的责任和使命，为国家和社会创造真金白银。就是党需要什么我们就干什么、社会有什么困难我们就全力以赴、职工需要什么我们就办什么，力所能及做好各方面的工作。

青岛港是国有企业的典型，国家对我们寄予很大的期望，我们给自己定位就是要带好头、树好标，所以上级越表扬我们，越肯定我们，我们越感到坐立不安，越觉得有压力，感到这也做得不行，那也做得不好，还得不断努力，还得不断自我加压。毕竟，打工还有个怎么打法的问题，我们的打法就是把自己一头交给组织，一头交给工作，尽职尽责，无怨无悔。所以，青岛港的"三大使命"里，第一条就是"精忠报国"，我们要把企业发展好了，给国家多交钱，多缴税，这样我们才算是个好的"打工者"。

【案例】

做国家的中流砥柱

青岛港发扬"一代人要有一代人的作为,一代人要有一代人的贡献,一代人要有一代人的牺牲"的青岛港精神,践行"精忠报国、服务社会、造福职工"的三大使命,走出了一条国企发展的成功之路。改革开放30多年来,累计完成吞吐量20多亿吨,年吞吐量增长17倍多,集装箱增长近1万倍;累计上缴国家各种税费196亿元,为国家积累了260多亿元的优良资产,为海关创造了2000多亿元的入库税源,相当于为国家贡献了140多个改革开放初期的青岛港,而且在这个过程中没有把一名职工推向社会,同时还为社会创造了53万个就业岗位。

特别是2008年下半年肆虐全球的国际金融危机爆发后,跨国公司纷纷限产、倒闭,世界港航业受到严重冲击,衡量航运业景气指标的波罗的海指数从12000多点降到了不足600点。面对金融危机的重创,我们响亮地喊出了"科学发展不动摇、增长指标不动摇、造福职工不动摇",义无反顾地扛起了迎战危机排头兵的大旗,与船东、货主及兄弟港口抱团取暖,缔造港港、港航、港企大联盟,同舟共济,共克时艰。在全球各大港口业绩大幅下滑的情况下,青岛港业绩实现了逆势上扬,港口吞吐量同比增长13.3%,集装箱同比增长5.9%，在全球树立了中国国有企业的良好形象，为中国经济率先摆脱国际金融危机的影响做出了贡献。

在国家转方式、调结构的新形势、新要求中，我们又是一马当先，加快转变港口发展方式，全力打造自主创新型、资源节约型、环境友好型、质量效益型、管理精细型、亲情和谐型港口，着力推进科教强港、科技强港、人才强港战略，建设创新型大港。在全国港口中率先创建了国家级技术中心、博士后工作站、国际一流的信息中心，连续三年荣膺全国企业信息化500强。"十一五"期间投入26.5亿元购置、制造技术先进、环保节能的机械设备，开展生态保护和污染防治，港口吞吐量增长了一倍多，综合能源单耗下降了21.6%。先后荣获首批国家环境友好企业、世界节能环保最佳企业。青岛港集装箱装卸"振超效率"8次、铁矿石接卸"孙波效率"15次刷新世界纪录。青岛港两个集装箱泊位吞吐量相当于世界效率第二名的日本神户港三个集装箱泊位的吞吐量；一个20万吨矿石码头相当于其他港口两个甚至三个矿石码头的作业量；用一个青岛港的设计能力干出了三个青岛港的业绩；用全国沿海港口1.3%的码头岸线干出了6.9%的吞吐量；港口每秒钟装卸货物11吨，开启了生产效率的"秒时代"，走出了一条科技驱动、绿色低碳、内生增长的发展之路。

同样，在国家需要的时候，我们也总是带领青岛港员工义无反顾、挺身而出。先后组织参与了"8.12"黄岛油库灭火等数十次灭火抢险工作，次次成功。奥运前夕，要人有人、要物有物、要机械有机械、要码头有码头，尽最大力量抗击浒苔。四川汶川地震、玉树地震、舟曲特大泥石流地质灾害后，累计捐款3261万元，捐赠衣被20余万件。我们还始终坚持国威至上、军威至上。1994年以来，连续四次被总后勤部评为"军交正规化建设先进单位"。2009年庆祝海军建军60周年庆典活动期间，拿出两千多万元实施环境整治，从老港区五座码头中让出四座用于海军阅兵式军舰停泊，为活动顺利举行做出了具体的、特殊的贡献。

  这些年来，我们也始终得到了党和国家领导人的高度重视，胡锦涛、吴邦国、温家宝、贾庆林、李长春、习近平、贺国强和省市部领导多次亲临视察、亲切接见、亲自批示，对我们的工作给予高度评价。我常想，是什么力量推动我们永不停歇，改造了一个百年老港，建设了三个现代化新港，挺进世界大港前七强？又是什么支撑我们走过这几十年的风雨坎坷，为国家、为社会、为员工尽心尽力、尽职尽责？就俩字——责任。

当好"长子"

我是工人的儿子,从小家里就穷,所以我永远也忘不了自己当年受穷的滋味。我大学毕业后来到青岛港,先是当装卸工,在艰苦的一线出大力、流大汗,因此深知当工人的不易和辛苦,永远也忘不了码头工人过去被人瞧不起的滋味,永远也忘不了工人在想什么、盼什么。

我始终认为,青岛港就是个大家庭,我是这个大家庭的"长子",上有老、下有小,都要尽心尽意地照顾好。离退休老同志就是我的老人,广大干部员工就是我的兄弟姊妹,孝敬老人、照顾好兄弟姊妹是我这个"长子"义不容辞的责任。

因为在我们中国人的传统观念里,"长子"既要传播亲情,维护家庭的感情,更要担当起家庭幸福的重任,要带头为家庭作贡献,还要维护正义,为兄弟姊妹们作出榜样。所以我的这个定位是感情、责任和道义的"三位一体"。

我为什么整天如履薄冰?就是因为沉重的责任压在肩上。给国家"打工"是我第一位的责任,我得想方设法对国家负责,对党负责。另外,我还要当好"长子",对老百姓负责。改革时为什么顶着重重压力、采取种种措施保证员工人人有岗位，就是因为这就是我的责任，一个老共产党员的责任，一个国有企业负责人、法人代表的责任，同时也是中国人的良心、民族的良心要求我这么办的。

什么叫上对国家负责、下对员工负责？我们在从社会主义计划经济向社会主义市场经济转变的过程中，遇到了很多困难，尤其是国有企业，由于历史原因都面临着"三座大山"很难攀越：一是人往哪里去，二是钱从哪里来，三是资金债务怎么办？我们当领导的，千难万难也要把解决这些困难的责任承担起来，而不能一推了之。比如，人员臃肿的负担，你担不起来就要让工人自己担，让大家下岗回家就行了。我感到这样不是办法，解决不了根本问题，我们所要做的应该是迎难而上，完成好从计划经济向市场经济转变的历史使命，研究好发展、管理、人员素质和技能提升等种种问题，不仅要实现由粗放型向集约型的转变，更要通过自身的发展壮大、挖渠放水，让广大员工人人有活干、人人创效益，这才真正是上对国家负责，下对员工负责。

所以，几十年来，我始终以员工满意不满意、赞成不赞成、拥护不拥护、答应不答应作为想问题、办事情的出发点和立足点。真正把广大员工放在心上，真心实意为广大员工谋利益，当好青岛港这个大家庭的"长子"。

【案例】

"长子"的担当

我工作后最大的愿望就是带领大家摆脱贫困、摆脱愚昧、摆脱落后,过上好日子。而且我这个人就是有"三把骨头",一个是"穷骨头",一个是"勤骨头",一个是"硬骨头"。怎么叫"穷骨头"?就是过去受穷受怕了,所以铁了心要带领员工艰苦奋斗、过上富裕美满的好日子;怎么叫"勤骨头"?就是见了活亲,没有活自己要找活干,不偷懒、不耍滑,一心扑在工作上,白天晚上去研究,浑身有使不完的劲儿;怎么叫"硬骨头"?就是要干事创业,什么事不怕难。

1988年我被任命为青岛港务局局长时(当时叫青岛港务局,现为青岛港集团),港口吞吐量只有两千多万吨,码头年久失修,技术落后,员工工资很低。

钱从哪里来,人往何处去,路向哪里走。面对全国正在推行的"减员增效、下岗分流"的国企脱困模式,我承诺"决不让一名工人下岗"。

创业时,同甘苦。记得1988年我上任局长时,一家三代仍住在普通职工宿舍里。由于坐落在山坡上,楼层高,自来水常常上不去,只好在不到两平方米的厕所顶部自制了一个铁皮水箱,每天都要等到半夜用水高峰过后把水储满,以备白天之需。后来,市里分给我一套海滨别墅四室一厅的房子，就在全家人为即将住上新房子而高兴时，我却告诉家人，自己已经把房子让给了国家交通部安排青岛港代为照顾的离休到青岛居住的老红军田老。面对着家人的不解，我说道："老红军在战争年代为国家、为人民拼过命，流过血，没有他们就没有我们的今天，让老革命安享晚年是我的责任，也是我的义务。现在，青岛港还有大批员工是无房户、特困户和困难户，等港务局员工住房都解决了，我们再换房子！"

发展时，一视同仁。多年来，我们把农民工当成自己的兄弟姊妹。一视同仁，同工同酬，年年提高工资待遇水平，并设立了全勤激励奖、积累贡献奖等奖励制度。我们专门腾出公寓大楼改善农民工居住条件，并专门设立了"夫妻房"，为农民工家属探亲提供方便，宿舍里冬天有暖气，夏天有空调，干干净净，整整齐齐。我们优先安排优秀农民工的家属到港工作。我们创造条件让大家参加各类培训和技术大比武，使全港8000多名农民工学到了技术、练就了本领。我们让农民工能像知识分子一样评职称，开创了全国企业的先河，在全港近2500名农民工装卸工人中评聘了193名装卸工艺员、助理装卸工艺师、装卸工艺师。在8000多名农民工中，有3508人录用为合同制工人，300多人入了党，3000多人入了团，889人担任了班长、车长，41人担任了队长、副队长，1人担任下属公司党委书记，有2人分别被评为"全国劳动模范"、"全国十大杰出进城务工青年"。我们的农民工与正式员工同工同酬，一个单子发钱，一个食堂吃饭，1/10的农民工在本市购买了住房，1/5的农民工子女进入了城市学堂，150多人开上了私家车。这些新型农民工不仅摆脱了"三低"与"三多"的传统困惑，而且具备了"有知识、有能力、有抱负、有贡献"的崭新风貌。

第一章 责任是企业之根

只有定好位 才能负好责

对企业的领导干部来讲，定位是一个前提和条件。大处讲就是在社会中我们应该选准什么位置，扮演什么角色？在单位里边是什么位置、什么角色？这是我们扮演好角色，做好人的第一条，即选准坐标。因为只有定好位，我们才能负好责。

一个班子是一个团队、一个集体，在这个团队中、在这个集体中，每个人分工不同，随之而来的是责任不同。领导是这个团队的顶梁柱，是主心骨，因此，我们每名领导班子成员都要定好位，明白一把手的职责是什么，二把手的责任是什么，分管领导的责任是什么，除了共同的要求之外，各自的特性是什么。一名领导干部重要的是要时时刻刻定好位。定好位首要的就是明白自己扮演什么角色，应当起到什么作用。这是最根本的。各级领导要明白应该负起什么责任，说什么话，办什么事，产生什么影响，要有自知之明。

定好位，领导干部就不能把自己混同于普通老百姓，党员也不能混同于普通老百姓，先进要发挥先进的作用、带头的作用、示范的作用、领头羊的作用，要时时处处想着自己是什么角色，是干什么的。这是定位的问题。在党的利益面前，在国家利益面前，在港口利益面前，我们就是要不讲条件，不讲价钱，不讲报酬，不讲得失，领导干部首先要做到这一条，才能给员工做出榜样。

定好位，当领导的就要发挥好两个武器的作用，一个是望远镜，一个是显微镜。望远镜，就是我们能够看得远点儿；显微镜就是做到见微知著，这两条最关键，一个能够看到未来，一个能够看到当前的问题。去看看标杆怎么干的，对手怎么干的，我们是怎么干的，这才能有自知之明，找出发展的新思路和新举措。

定好位，领导就要善于组织、引导员工当中的先进因素，成为一种规范的行动，如果把握不住这些基本的东西，员工的积极性不会长久。员工不怕要求严，但有一条，要始终如一。严是个规矩，员工都能理解。领导紧一阵子，松一阵子，好一阵子，坏一阵子，员工就会无所适从。

定好位，就要既抓住当前，又放眼未来，提出新目标、新措施。紧紧抓住形势变化，适时调整战略决策，果断进行结构调整，绝不仅仅是港口企业发展的必须，无论哪个行业，都需要在企业发展到一定时期，痛下决心，自我否定，重新布局，不断打造自己的全新优势，永远引领市场的变化需求，只有这样，企业才能永远把握住自己的命运，掌握发展的主动权。

【案例】

我就是"工头"

如何认识和处理领导者与员工、雇主与雇员的地位和关系，历来是企业面临的一个基本问题。在西方社会一直存在着一种观点，认为是资本家养活了工人，工人就应该接受资本家的绝对统治。在我国也有不少企业领导人、企业家和私营企业主持有类似的观点，把自己看作企业的绝对统治者，工人的"衣食父母"、"大家长"、"救世主"。这种观点从某种意义上看并非没有道理，但在现代社会显然已经过时。无数事实证明，在这样的企业中，员工的个性得不到尊重，员工的利益得不到保障，员工的前途没有希望，员工的积极性遭到挫伤，结果导致劳动关系紧张，劳资矛盾不断产生，严重阻碍了企业的发展，甚至导致企业陷入困境。青岛港是国有企业，所以青岛港应当"精忠报国"；青岛港是服务企业，所以应当"服务社会"；员工是企业的主人，所以应当"造福员工"。我把"精忠报国，服务社会，造福员工"作为青岛港，更作为自己的"三大使命"，不懈地为之奋斗。正因为坚持这种理念，青岛港才有了"决不能将一名员工推向社会"的庄严承诺，才有了"发展为了员工"、"发展依靠员工"、"发展成果由员工共享"的企业制度和企业文化。

对一个企业来说，管理、技术、设备这些硬件买得来，可是软环境买不来。在知识经济时代，人不再是单纯的提高生产力的工具，而已成为企业的主人，并代替资本和稀有资源而成为企业最宝贵的智力财富。我在青岛港干了多年的"一把手"，现在回忆起来，定位就是一个，我就是个"工头"，就是领着工人多干活儿多挣钱，多发家多致富。所以我见了我们的员工感到很亲，见了活也很亲。我干工作，从干的那天起，就树立了一个观点，活是给自己干的，不是给别人看的。从这一点出发，干工作就不会搞花架子，就不会搞形式主义。以人为本就是要把员工的利益作为企业生存和发展的出发点和落脚点，让员工与企业同舟共济，一起成长。我以"对上负责，让党放心；对下负责，让员工满意；对己负责，终生无悔"为准则严格要求自己。对员工要像对待花园中的花草树木，需要用精神上的鼓励、职务晋升和优厚的待遇来浇灌他们，适时移植以保证最佳的搭配，必要时还细心除去园内的杂草以利于他们的成长。尊重员工，感激员工为港口做的每一件事；提倡庆祝成功，以各种形式对员工进行精神鼓励；实行开放性管理，管理人员尽可能与员工进行交流；与员工分享信息、分担责任等所有这些都为青岛港的持续发展提供了强大的精神动力。

第一章 责任是企业之根

吃苦受累　克难而进

改革开放初期，国家对国有企业统包统揽，企业不负担盈亏，也没有经营自主权。"缺乏生气，效率低下"是当时人们对国有企业的一致评价。之后尽管扩大企业经营自主权、实施承包经营责任制等手段给国有企业"松绑"，但由于社会负担重、历史包袱重、企业冗员多等诸多问题的困扰，与轻装上阵、蓬勃发展的其他企业相比，国有企业一度陷入举步维艰的境地。在这样的大背景下，青岛港和所有国有企业一样，必须吃苦受累、克难而进。

国有企业要冲出困境，要搞好工作，国有企业内部的领导干部就必须振奋精神，要敢于负责，把企业的各项事情，各项管理，各项规章制度落到实处。我们能不能够办到许多前人办不到的事情，许多世人办不到的事情，关键是有没有这个信心，有没有这个勇气，关键就在能不能吃大苦，能不能受大累。

"苦不苦，想想长征两万五；累不累，想想革命老前辈"，这话放在什么时候都不过分。在国有企业当干部，就需要这种精神，我们国有企业就得这么干。我们国有企业的领导人不能潇洒了，如果我们当了"甩手掌柜"的，那我们的企业就得"遭殃",我们的员工就会失业。因为市场经济需要实力,考验实力,来不得半点虚假。所以我们就得从早干到晚,从大管到小,永不停歇,像住家过日子一样,管好我们的人,干好我们的活。

我记得美国总统肯尼迪在推动阿波罗登月计划演讲时,说了一句名言:"我们选择登月,不是因为它轻而易举,而正是因为它困难重重!"国有企业从计划经济到市场经济的转型也是困难重重,那么我们的作用就是去直面重重困难,挑战重重困难,解决重重困难。

2008年由美国次贷危机引发的金融危机影响波及全世界,港口最敏感。在这种严峻形势面前我们怎么办呢?我想就是一句话:迎着困难上,要敢于拼搏,敢于迎接挑战,不能被困难吓倒,要朝着我们既定的目标去奋斗。1997年开始的亚洲金融危机,对我们也造成了很大的冲击,但我们顶住了困难,发展上去了。因此,无论遇到什么样的艰难险阻,只要肯吃苦、肯受累,求知于实践,问计于群众,就一定能克服困难、战胜挑战。

我希望员工这样评价我,老常这人没偷懒、没耍滑,确实干了点事。我最赞赏的是《钢铁是怎样炼成的》中保尔·柯察金说的一句话,每当想起这句话自己总是激情满怀:人最宝贵的东西是生命,生命对人来说只有一次,因此,人的一生应当这样度过:当一个人回首往事时,不因虚度年华而悔恨,也不因碌碌无为而羞愧。在他临死的时候,能够说,我把整个生命和全部精力都献给了人类最宝贵的事业——为人类的解放而奋斗。

【案例】

力挽"僵龙"创奇迹

有人问我为什么要在1998年亚洲金融风暴时给大家看《纺织人在1998》的纪录片，和纺织人作比较，为什么不比比那些收入高的单位。我觉得大家问得很好，人总是要往高处走，都希望自己的生活好一点，幸福一点。但是，之所以这么做，是因为纺织业和港口有相同之处，都是国有企业，都是劳动密集型单位，都是脏、苦、累、险的活。港口并不是没有产生纺织人那些后果的可能性，看看纺织人的觉悟、承受能力，看看纺织人面对困难的那种精神状态，我们扪心自问，自感惭愧。我们比，不是为了让员工受穷，恰恰相反，我们的目的是让员工知福惜福，珍惜今天，珍惜来之不易的局面，让大家都有危机感、紧迫感和责任感，从而万众一心、艰苦奋斗，使那种悲剧不要重演，不要在青岛港出现，这就是我们的初衷和出发点。

多年来，别人过年，我们在大干，不用说社会不理解，就是家人也不理解。大年三十，别人都在家过年，我们在码头上和工人一块吃年夜饭，一块守岁。大过年的，别人都在家里团团圆圆，我们在码头上开会。开会不要紧，一开就开到晚上十一二点。我们的做法别人不理解。但是有一条，我们要发展、要前进，就是要超凡脱俗，不能随波逐流，不能像常人那样生活、像常人那样工作，如果像常人那样工作、生活，我们就不会创造出奇迹。

青岛港受国家和社会的重视，我们应该发挥什么样的作用，做什么样的示范？企业家是一个榜样、青岛港是一面国企旗帜，我们要认清这个地位，发挥这个作用，不能把自己混同于普通企业。我们的觉悟要高，能吃苦，贡献大，干什么事都要体现国企的觉悟，各方面的表现要为人师表。这就是我们的地位和作用，我们要发挥这一条。

有多少人能想到：如今青岛港令人羡慕不已的20万吨级原油码头，原来只是一条濒临死亡的"僵龙"。1988年底，国家投资4亿元、为胜利原油出口建设的20万吨级原油码头工程完工。但形势的变化让人始料不及，由于胜利油田原油产量下降，无油可运，码头从建成后迟迟没有验收投产——"天天晒太阳"。风吹日晒雨淋，巨大的钢栈桥到处都是锈迹斑斑，木桥面也因防腐失效，木茬裸露在外。新码头眼睁睁地由一条钢铁巨龙变成"僵龙"。我看在眼里、急在心里，一方面每年组织工人加强看管保养，年年冒着高温酷暑，顶着刺骨寒风，搞好码头维护；另一方面，我四处汇报、呼吁，要求对码头验收投产。在青岛港全体员工的不懈努力下，1992年底码头终于通过国家正式验收。

为了从根本上解决有油可以出口这一难题，我决定对码头进行返输改造，扩大功能，让原油能进能出，同时下决心建油罐。当时人们众说纷纭。一些人讲："老常真能胡造，码头都死了，还建什么油罐？这不是在拿着钱填海吗？"我顶住这些压力，带领职工，省吃俭用，自筹资金建油罐。码头从1995年开始接卸进口原油。不仅盘活了这座耗资4亿元的码头，而且使青岛港成为我国最大的进口原油中转基地。依托这一优势，青岛市的黄岛成为了国家发改委确定的首批四个石油储备基地之一。

第二章
战略引领发展

现代管理学家彼得·德鲁克认为，一个企业不是由它的名字、章程和公司条例来定义，而是由它的任务来定义的。企业只有具备了明确的任务和目的，才可能制定明确和现实的企业目标。

所以，对于企业而言，指导企业全部活动的是企业战略决策，全部管理活动的重点是制定战略和正确决策。战略决策在企业生产经营过程中始终是起引领和定位的作用，也就是要在企业管理哲学的总体方针下，审时度势，适时应对企业外部市场变化和企业内部需求，在每一个发展时期，都要制定出明晰的发展方向和战略抉择，做出迅速、准确的决策，战略决策是企业实现自己目标的前提条件，是企业长久、高效发展的重要基础，是企业充满活力的有效保证。

第二章 战略引领发展

发展始于战略

一个企业没有长期行为，就像一个人没有长远打算一样，干一天混一天，整天昏昏沉沉，干了今天不知道明天干什么。特别是当前，随着世界经济全球化和一体化进程的加快和随之而来的国际竞争的加剧，要想通过竞争取胜，对企业战略的要求愈来愈高。谁能战略制胜谁就能赢得未来。正如威廉·科恩指出的，企业如果固守过去曾行之有效的战略，那么它必将败于竞争对手。企业既不能短期行为，更不能固步自封，必须早谋划、早动手，大力实施战略管理，通过战略制定确定企业任务，认定企业的外部机会与威胁、内部优势与弱点，建立长期目标。通过战略实施树立年度目标、制定政策、激励员工和配置资源，以便使制定的战略得以贯彻执行。通过战略评价重新审视外部与内部因素，度量业绩，采取纠偏措施。依靠战略制胜，推动企业走向长盛之路。

我们企业经营者天天都面临着战略决策的问题，无论是长期的还是短期的，战略决策说到底就是企业要干什么？怎么干？干到什么程度？达到什么目的？就是这些事情每天都在拷问着我们的企业家。特别是企业战略管理是对企业战略的设计、选择、控制和实施，直至达到企业战略总目标的全过程，涉及企业发展的全局性、长远性的重大问题，已为越来越多的企业所重视。

早在改革开放初期，青岛港就依靠锁定战略打造企业的核心竞争力，从1990年到1995年，实施了夯基战略，创建名牌港口，做好青岛港。使青岛港成为了全国交通系统学习的典范。上世纪90年代中后期，青岛港实施了超前战略，适应国际航运市场变化，在全国港口中率先建成投产了一批大型化、深水化、专业化的大码头。同时大规模调整生产布局，改变港口生产结构，不断提升港口的服务质量和技术等级，提升港口的能力，打造核心竞争力，使青岛港成为实力雄厚、功能完善、用户满意的现代化国际亿吨大港。进入新世纪，面对中国加入WTO和经济全球化不断发展的新形势，实施中心战略，加强与大船公司、大货主联盟发展，把青岛港发展成为区域性国际航运中心。在国家提出建设创新型国家要求的新形势下，青岛港实施创新战略，面向未来，全面打造平安福港、效率快港、实力强港，努力建设创新型港口。

如今，面向"十二五"，在青岛港已经发展成为世界第七大港的基础之上，我们大力实施科教强港、科技强港、人才强港的强港战略，2015年青岛港吞吐量将达到6亿吨，集装箱达到2000万标准箱，建成集装卸、物流、产业三位一体、综合实力强大、功能配套、优势明显、具有区域资源配置能力的东北亚国际航运中心，实现由世界大港向世界强港的转变。

【案例】

青岛港的"五大发展战略"

上世纪八十年代末以来，我们青岛港努力把握宏观经济发展趋势、市场供求关系变化和世界航运业的最新发展，先后实施"五大发展战略"，实现了港口跨越发展。

1990年至1995年，实施夯基战略，创建名牌港口，做好青岛港。"夯基"就是夯实基础。适应市场经济发展的需要，在中国港口中率先通过了ISO9001：2000质量管理体系、OHSAS18001职业安全健康管理体系、ISO14001：1996环境管理体系三大体系认证，并在全国率先将三大体系整合，整体通过了中质协认证机构审核，推行国际管理标准，规范港口管理，加强班子、队伍建设，改造老港，建设新港，实施专业化管理，名牌化服务，培育"诚纳四海"青岛港服务品牌。1995年，交通部、山东省政府联合在青岛港召开现场会，把青岛港树为"苦练内功的典型"和全国港口行业唯一的示范"窗口"，并一直保持到现在。"诚纳四海"被评为中华第一港口服务品牌。

1996年至2000年，实施超前战略，建设亿吨大港，做大青岛港。适应国际航运市场变化，在全国港口中率先建成投产了一批大型化、深水化、专业化、信息化的大码头。大规模调整生产布局，改变港口生产结构，不断提升青岛港的服务质量和技术等级，提升港口的能力，打造核心竞争力，使青岛港成为实力雄厚、功能完善、用户满意的现代化国际亿吨大港。

2001年至2005年，实施中心战略，建设区域性国际航运中心，做强青岛港。面对中国加入WTO和经济全球化不断发展的新形势，加强与大船公司、大货主联盟，把青岛港发展成为区域性国际航运中心。目前已有9家世界500强落户青岛港。特别是2003年7月21日，我们与世界第一大航运公司丹麦马士基集团、当时世界第二大航运公司英国铁行集团、中国最大航运公司中远集团，三国四方在人民大会堂隆重签约，共同出资8.87亿美元，打造了世界级集装箱码头公司，温家宝总理、时任英国首相布莱尔率两国多位部长亲自出席了签约仪式，在国际航运界引起很大的反响。2004年青岛港集装箱吞吐量便超越500万、达到514万标准箱，成为区域性国际航运中心。同时，与世界500强中石化联合经营青岛港的油码头，与世界500强日本三菱集团合资建设了散装水泥分拨基地，与世界500强瑞典ABB公司合作建立了ABB低压产品青岛物流中心等等。实现了与客户的联合共赢发展，共享青岛港发展成果。

2006年至2010年，实施创新战略，建设创新型港口，做久青岛港。面向2010年，站在新起点上，打造平安福港、效率快港、实力强港，建设创新型港口，为货主和船东创造更加优越的港口条件，提供更加快捷高效的服务，加快青岛港由以运输枢纽及工业发展基地为特征的第二代港口，向以现代物流中心、信息中心和区域经济发展的重要基地为特征的第三代港口升级转变。

2000年以来，青岛港修订了《青岛港"十五"发展规划》，制定了《青岛港2003—2010年发展战略》。每一个战略的制定都是在提前完成既定规划的基础上进行的。如果我们固守着当初的发展规划，那么势必会阻碍企业的发展。2006年年初，国家提出了建设创新型国家的奋斗目标，我们又对《青岛港2003—2010年发展战略》进行了重新修订，制定了《青岛港2008—2015年更好更快发展规划》，提出了更高的发展目标，这也是我们结合国家的新形势和港口发展的现状，对原有战略的重新修订。

2010年至2015年，实施强港战略。面向未来，我们又研究出台了《青岛港"十二五"发展规划》，紧紧围绕科学发展的主题和转变发展方式的主线，大力实施科教强港、科技强港、人才强港的"强港战略"，锁定"五个平安、五个文明"攻坚战、装卸生产大会战、董家口建设阵地战、学习培训持久战、信息化建设升级战的"五大战役"，突出市场、能力、产业、管理、科技、素质、作风、生活"八大重点"，促进核心竞争力、港区功能、物流建设、产业结构、经营模式、生产方式、低碳环保、管理效能、队伍素质、共建共享的"十大转型升级"，推进安全质量发展、节约发展、环保发展、效益发展、建设发展、和谐发展、率先发展的"七大发展"，打造自主创新型、资源节约型、环境友好型、质量效益型、管理精细型、亲情和谐型的"六型港口"，全面开发建设董家口港区,再造一个3亿吨的青岛港,2015年港口实现吞吐量6亿吨,集装箱2000万标准箱,建成集装卸、物流、产业三位一体、综合实力强大、功能配套、优势明显、具有区域资源配置能力的东北亚国际航运中心,加快向第四代港口迈进。

在实施战略的同时,我们还不断实施港口结构调整,实现了港口的率先发展。

不断调整主业结构,培育核心业务。过去青岛港没有自己的核心业务。上世纪八十年代末,我们对所经营的货种逐一进行市场预测,选准市场定位,将集装箱、煤炭、原油、铁矿石、粮食作为青岛港的五大核心货种,集中全集团的力量优先发展。目前,五大货种的吞吐量已占到港口总吞吐量的85%。同时,这五大货种也成为中国沿海主要港口的发展方向。

不断调整市场结构,扩大港口辐射深度。计划经济时期,青岛港的市场主要是山东省及周边省份的一部分,狭小的市场极大地制约了青岛港的发展。随着中国经济体制由计划经济向市场经济转变,我们树立大市场观念,积极开拓陆向、海向两大市场,构筑起服务于中部崛起、西部开发,联通世界,适应港口大发展需要的广阔市场。

不断调整能力结构,打造港口核心竞争力。青岛港是一座百年老港,原有泊位基本上都是1万吨级的小型泊位,适应不了国际航运市场船舶大型化、深水化、专业化的发展要求。我们紧跟国际航运业的发展步伐,坚持建设新港区与改造老港区相结合,全力打造核心竞争力。紧紧围绕五大核心业务,瞄准世界港口前沿水平,实施超前发展竞争策略,改造了一个百年老港,建设了三个现代化新港,在十多年前的一片荒沙滩上建成一座崭新的亿吨大港。在全国沿海港口中率先建成了一批世界级的原油、铁矿石、集装箱等大码头。目前,10万吨级、20万吨级、30万吨级超级巨轮频频进出青岛港。

不断调整生产结构,构建现代化生产格局。在进行大规模建设改造、实施能力结构调整的同时,我们积极顺应国际航运业专业化发展的趋势,大力实施码头专业化重组,调整生产结构,将铁矿石、煤炭、外贸集装箱全部由老港区转移到新港区,构建新的生产格局,实现了专业化管理、集约化经营、规模化生产。

当前,我们坚持以市场需求决定功能定位,以货物流向调整布局,面向四大港区,重新洗牌、重新布局,确保四大港区功能互补、分工合理、组合发展,适应和满足市场需求,提升服务的专业化水平,不断扩大市场占有率,构筑起港口竞争发展的崭新优势。特别是加快建设董家口港区,仅用363天建成世界最大的40万吨矿石码头,又用178天建成了20万吨级矿石转水码头,创造了世界码头建设史上的奇迹!2011年3月28日实现船舶试靠重载测评,40万吨矿石码头已经连续靠泊多条大船。2011年7月12日,我们又与招商局集团、中远集团、香港万邦集团在香港招商局大楼正式签署了合作备忘录,合作开发建设青岛港董家口港区。合作四方一是将进一步加强战略合作，统一开发、建设、经营青岛港董家口港区；二是青岛港集团已经在董家口港区建成的40万吨矿石码头和配套设施及附属设施，将由合作四方共同投资成立合资公司负责运营管理；三是后续码头及配套项目的开发建设，也将由合作四方共同商讨决定；四是合作四方将各自派出代表组成联合工作小组，加快推进具体合作事宜。这一合作不仅为强强联合、推进青岛口岸整体开发建设增强了各方的信心，也为更健康、更有序地推进董家口港区开发，建设山东半岛蓝色经济区，实现青岛经济又好又快发展奠定了坚实基础。

大胸怀锁定大战略

众所周知，无论中外，追求企业长盛不衰是每一个有理想、有抱负企业家的共同追求，也是经济社会发展的客观需要。有思想的企业家们早已经厌倦了"年度流行语"般的管理概念，大家都在实践中不断探寻能够经得起时间检验的管理思想和企业经营哲学。

综观全球，基业长青的企业通常都是扎根于一套永恒的核心价值观，为利益之外的追求而生存，并能以内生的力量不断地自我更新，因而长盛不衰。无数的事实已经让我们看到，追求企业长盛不衰、建立一个比个人生命更伟大、更持久的组织，是一定要拥有比别人更长远的眼光、更独到的见解的，而且也一定要付出比别人更大的努力、做出更大的牺牲的。尽管如此，我们有抱负的企业家依然愿意执著前行，艰难求索。特别对于中国企业来说，在从社会主义计划经济向社会主义市场经济迈进的过程中，在逐步融入经济全球化的时代，如何找寻到自己的经营发展之道、长盛不衰之道，成为社会发展的中流砥柱，意义重大。

所以，光顾眼前不是一个好领导，起码不是一个完全的领导。对于企业经营者来说，要想长盛不衰，成为行业的领军者，就必须要有大视野、大境界、大追求、大魄力，永立知识经济、经济全球化的时代前列。当领导既要抓住当前，又要放眼未来，提出新目标、新措施。

青岛港作为港航企业对此感触是非常深刻的。港航企业是世界经济的晴雨表，竞争非常激烈，有时候不仅是日新月异，而且是瞬息万变，作为企业经营者，稍不留神，就会错失良机，使企业发展处于被动挨打的境地。只有抢先一步，才能抢到发展先机，赢得发展空间。

比如在上个世纪九十年代初期，我们站在世界经济发展的前沿，瞄准世界航运市场的顶尖水平，大胆、超前地进行了码头建设、投资扩张，抢先在全国沿海港口建起了煤炭、原油、铁矿石、集装箱等一批世界一流的现代化大码头，实现了"世界上有多大的船舶，青岛港就有多大的码头"，抢出了我们港口发展的领先优势。

再比如我们的矿石码头建设。青岛港上世纪八十年代只能接卸1-2万吨级的铁矿石船舶，年吞吐量100万吨。以后，我们根据矿石船舶大型化的发展变化，适度超前进行码头建设，我们与南非ISCOR公司合作，将一个年通过能力50万吨的综合码头，改造成为年通过能力600万吨的10万吨级矿石泊位，一举成为当时中国北方最大的矿石中转港。后来，我们又经过多年论证，建设了20万吨级兼顾30万吨级的矿石码头，仅用18个月耗资18亿元，就使码头建成投产，创造了港口建设史上的奇迹，一举成为世界第一大矿石接卸港，接卸量占整个中国市场份额的五分之一。

这些实践让我们深刻体会到，企业战略必须既立足当前又着眼未来，既面向市场又扎根现场，既抢占高地又打牢基础，既重视发展效益更注重发展内涵，既满足物质需求更引领精神追求，要求我们企业经营者必须以大胸怀锁定大战略。

【案例】

之一：集装箱：从"两国两方"到"四国八方"

早在 2000 年 2 月，我们就与世界 500 强企业、全球第二大航运公司英国铁行集团共同投资 1.7675 亿美元设立"青岛前湾集装箱码头有限责任公司"（简称 QQCT），两国两方合资经营前湾二期集装箱码头，这是当时山东省最大的基础设施合资项目，成为山东省、青岛市对外合资合作的"扛鼎"之作，并在 2002 年青岛港外贸集装箱由老港区西移前湾新港区过程中发挥了巨大的作用。

2003 年 7 月 21 日，我们与英国铁行集团在成功合作的基础上，联合世界第一大航运公司丹麦马士基集团和中国第一大航运公司中远集团实施三国四方的携手合作，在北京人民大会堂隆重签约"青岛港前湾集装箱码头合资项目"，中国总理温家宝与时任英国首相布莱尔率两国多位部长前来祝贺并出席了签约仪式，这是中国第一个由国家总理出席的港口合资项目，开创了国内外港航企业多方合作的崭新模式，震惊国际航运界，青岛港集装箱事业从此开启了一个崭新的时代。对于我们而言，向国际化迈进已经不仅是青岛港自身发展的需要，也是以港兴市的城市发展需要。在此次合作中，三国四方共同投资重组的"青岛前湾集装箱码头有限责任公司"，可以接卸载箱量达12000-15000标准箱的超大型集装箱船舶，成为全国岸线最长、泊位最深、设备最大最先进、陆域最广、效率最高的集装箱专用码头，也是目前世界上最大的集装箱码头公司之一。

此次合作，不仅引进了数亿美元的资金，而且引进了先进的技术、管理理念和源源不断的箱源，为青岛港插上了腾飞的金翅膀。因为参与这种世界范围内国际性港口竞争取胜的最快捷手段就是与世界数一数二的航运巨子联姻，因为他们最熟悉世界航运业竞争的法则，他们可以为青岛港带来庞大的市场和货源。此次合作也使我们青岛港在中国新一轮的港口体制改革中率先走向了国际化，进一步提高了青岛港在世界航运市场的知名度、美誉度和地位，在短时间内为迈向东北亚国际航运中心打造了一个世界级的平台。

2009年，全球金融危机仍未见底，世界贸易持续下滑，港口行业遭受重创。在这种十分艰难的时刻，中远、迪拜、马士基和泛亚，依然对青岛港充满信心，与我们共同出资14亿美元建设开发前湾四期工程，共同营运管理新前湾集装箱码头有限责任公司。6月29日，QQCT与香港泛亚集团共同投资成立的新合资公司青岛新前湾集装箱码头有限责任公司（简称QQCTN）开业。这是山东省港口基础设施投资规模最大的利用外资项目，实现了前湾港区集装箱码头岸线资源的有效整合、充分利用，同时进一步提升青岛港集装箱发展的核心竞争力，为阔步挺进东北亚国际航运中心增添重量级砝码。

2009年12月18日，由青岛港集团、阿联酋迪拜环球港务集团、中远集团、丹麦马士基集团、香港泛亚集团"三国五方"组建的青岛新前湾集装箱码头有限责任公司（简称QQCTN）与香港招商局国际投资设立的青岛港招商局国际集装箱码头有限公司（简称CMT）共同设立新合资公司，分别持股50%。新合资公司的名称为青岛前湾联合集装箱码头有限责任公司（简称QQCTU），运营管理的总资产约70亿元人民币。这是2009年最大的港口合资项目，实现了青岛口岸强强联合和优势互补，揭开了青岛港大联盟、大合作的新的一幕。它对于整合港口资源，优化港口布局，发挥港口优势，提升港口的国际竞争力，推进集装箱运输结构的调整，打造东北亚国际航运中心，推动青岛乃至山东经济社会又好又快发展起到了积极作用。

2011年5月19日，为深入贯彻落实青岛市委、市政府"环湾保护，拥湾发展"的战略要求，加快《山东半岛蓝色经济区发展规划》战略的实施，充分发挥青岛港"以港兴市"的地位和作用，我们青岛前湾联合集装箱码头有限责任公司（简称QQCTU）与新加坡海皇集团和海丰集团共同投资设立新合资公司"青岛前湾新联合集装箱码头有限责任公司"（简称QQCTUA），合资经营管理QQCTU位于前湾港区南岸已建成的2个集装箱泊位，岸线长度660米。继签约仪式仅40天，6月29日，QQCTUA合资公司开业庆典隆重举行，开业当天就有两条集装箱船靠泊，标志着青岛港集装箱合作从"三国六方"走向"四国八方"，国际大中转迈出新步伐，东北亚国际航运中心建设大提速。

之二：开展国际大中转

1995年的1月17号，日本阪神发生大地震，整个大阪码头陷于瘫痪。而此时受损失最大的，是拥有大量国际货源的中远集团（COSCO）。因为大阪是中远的一个重要中转站（当时还没有一家国内港口能担此重任），而今船进不了港，导致运货拖期，这就意味着每天都要向货主支付大笔外汇赔偿。

当时我们意识到：中远此时一定急于寻找新的中转港……于是，我当即给中远集团打电报，一方面是对中远的损失表示慰问，更主要是向中远提出了将中转站由日本移至青岛的建议，并一再表示：无论中远方面有什么困难，我们青岛港都帮你解决！甚至愿意提供无偿服务。

像这样的大事，光靠电报远远不够。于是我又连夜打着吊瓶赶往北京的中远总部。我去的时候，时任中远总裁陈忠表正在与其他中远高层开紧急会议，我就一直坐在会议室外面等。会议开到午夜12点半，我就在外面等到12点半。当终于与陈忠表见面时，陈总一连提出了17条要求，对此我们立即表示："你的困难就是我的困难！你有多少集装箱，我就给你转多少。你提任何条件我都答应你。"

尽管当时中远也担心青岛港的硬件实力，但看到我们的真诚和执着，在第二天晚饭前，就与我们就此重大合作达成了共识。我立即就返回青岛做准备。那年的2月2日，正值春节，一纸传真告知：第一条中远货船"高河"号即将到港。为此我们很多人放弃过年，亲自坐镇办公室等船，足足等了七八个小时，直到午夜。船刚一到港，我们就立即上船对全体船员进行慰问，并保证把因改线而耽误的运输时间给夺回来。当按时装卸完毕之后，我又写电报给中远集团，告知一切进展。中远对我们非常满意，2月9日，就与青岛港正式签署了转运协议。从此，青岛港一举成为国内第一家国际集装箱中转港。当年，青岛港集装箱吞吐量就由区区8万箱一举突破到260万箱！

战略要应时而变

上世纪八十年代,中国从计划经济向市场经济转变。这既是经济体制的深刻变革,更是思想观念的深刻变革。拥有数千年历史的中国开始进入一个崭新的时代——一个按新的游戏规则重新出牌的时代,一个任何企业都要依靠实力和发展争取话语权、证明自身存在价值的时代,要求中国企业必须能够根据环境的变化,本身的资源和实力形成自己的核心竞争力,抢占到发展的先机。

无数事实已经清晰地告诉我们,无论在哪个行业、无论从事哪种经营活动,谁能先知先觉,大胆地想、大胆地干,抢占到制高点,谁就会在企业发展进程中占领先机。

就像我们激活20万吨级二期油码头"僵龙",从码头建成晒太阳到千方百计验收投产,到根据我国原油需求形势进行返输改造、扩大功能,到筹资16.2亿元大建油罐筑巢引凤,再到我们与中石化成功合资,使我们的油港成为我国最大的进口原油中转基地,这每一步无不要求着我们发展战略必须要与时俱进、应时而变。

再比如我们的布局调整,始终伴随着港口发展的每一个时期，发展需要什么，我们就调整什么，总之是必须与时俱进，使生产结构始终能促进港口的发展。先是在上个世纪九十年代完成了煤炭和矿石从老港区向前湾新港区的西移，开辟了矿、煤发展的广阔空间。随后在 2002 年，我们用了不到 9 个月的时间，就成功地将原老港区拥有的 50 多条国际航线、每月 310 个航班、40 余家船东、10 余家场站、数以千计的代理和货主构建的航运网络，全部转移到了新港区，不仅做到了一个船公司未少，一条航线未撤，一个箱子未丢，而且当年即新增航线 18 条，实现了青岛港航线的"全球通"，创造了世界港口新老港区生产布局调整的奇迹。

【案例】

之一：矿石的战略突围

青岛港八十年代只能接卸 1-2 万吨级的铁矿石船舶，年吞吐量 100 万吨。二十多年来，我们紧跟矿石船舶大型化的发展变化，适度超前进行码头建设改造，不断打造核心竞争力，为钢厂节支降耗服好务。我们一是组织对老港区进行了拓宽航道、浚深泊位、增加设备等"五位一体"改造，使靠船能力扩大到 5 万吨级。二是与南非 ISCOR 公司合作，将一个年通过能力 50 万吨的多用途泊位，改造成为年通过能力 600 万吨的 10 万吨级矿石专用泊位，一举成为当时中国北方最大的矿石中转港。三是 1996 年随着矿石进口量的急剧增长，我们又租用了两艘20万吨级海上过驳浮吊，形成海上过驳平台，能够接卸20万吨级的超大型矿石船。四是我们经过多年论证，并经国务院批准，筹资18亿元，建设了20万吨级兼顾30万吨级的矿石码头，并采用了当时亚洲最先进的设备。按常规，这样的码头一般需要4-5年才能建成，我们打破常规，大胆创新，研究制定科学的工艺，采用先进技术，组织大兵团，海上陆上同时作业，仅用18个月耗资18亿元，就使码头建成投产，创造了港口建设史上的奇迹。原先全港9个泊位1000多人的工作现在被一个码头139人替代，并且昼夜卸率由1万吨提高到13万吨，直接影响到香港的租船市场，打造了青岛港的又一核心优势。码头投产后，20万吨级的大矿船接踵到港，全国实载量最大的30万吨级的"大凤凰"轮也成功靠泊作业。与租用5万吨级船舶相比，平均每进口一吨矿石就为钢厂节省5-12美元。五是我们在董家口港区率先建设了世界最大的40万吨级矿石码头，不仅缓解了我们自身能力不足的问题，也更好地适应了世界船舶大型化的趋势，推进山东半岛蓝色经济区建设。

之二：363天建成世界最大的40万吨矿石码头

近年来，中国铁矿石谈判一直处于被动，给我国钢铁企业带来巨大损失。预期40万吨超大型矿石船舶将于2011年陆续下水，满足向我国每年出口1亿吨以上铁矿石运输的需要，而我国尚无一个40万吨矿石码头。与此同时，周边港口建设风起云涌，你追我赶，使青岛港发展面对"标兵越来越远，追兵越来越近"的严峻形势日趋"白热"。面对严峻的竞争态势，我们决心在青岛董家口港区率先建成40万吨矿石泊位。

40万吨矿石码头的建设是牵动青岛口岸总体战略部署的政治任务，是青岛市"环湾保护、拥湾发展"战略实施的核心组成部分；是山东半岛蓝色经济区、环渤海经济圈经济增长的重要引擎；是东北亚国际航运中心的重要依托。正因为这是一场为了党、为了国家、为了员工的伟大事业，40万吨矿石码头建设得到了青岛市委、市政府，胶南市委、市政府的大力支持。

2010年1月11日，青岛市市长夏耕明确指出：青岛港40万吨矿石码头是青岛市新一年重点建设项目，该工程一定要抢占先机，占领制高点，2010年工程简易投产不可动摇，全市上下要高度重视，全力配合，唯此为大，保证青岛港40万吨矿石码头建设全力推进。港口担负着以港兴市的重任，我们唯有义不容辞地担负起开发建设董家口港区的重任。事非经过不知难！但是董家口港区40万吨矿石码头从决策的那一天已经在面对一个"难"字，确切地说应该是"事未经过已知难"，这个"难"从何而来？难在它是世界首个40万吨级开敞式大码头，它的建设没有先例可循，没有成熟的经验可借鉴。难在它脚下的这片土地不是胶州湾，是青岛港人完全不熟悉、不了解脾性的"外海"。难在它的建设工期极短，6月沉箱安放完毕，8月引堤引桥全线贯通，2010年年底码头实现靠船作业。这样的建设速度，承建方不相信，因为国际上没有这样的建设速度。这样的建设速度，当地的老百姓不相信，因为5年前已经有一家开发商在这里建设两个5万吨和7万吨的码头，至今沉箱都没有下完。这样的建设速度，社会各方都有一个"共同"的声音：年底投产，不可能！

2009年12月28日，我们召开了董家口40万吨矿石码头建设战役指挥部第一次全体会议，2月28日，码头首个沉箱开始安放，此举标志着董家口港区40万吨矿石码头主体开始出水；6月底，码头18个沉箱全部安放完毕，其中，14个椭圆形单体沉箱创出世界沉箱外形尺寸之最，史无前例；8月13日，提前17天，实现引堤引桥全线贯通，史无前例；11月12日，董家口110kV变电站正式送电；11月13日，40万吨矿石码头引桥提前7天全线贯通；11月26日，两台世界最大的卸船机成功登陆；11月30日，码头主体建设完成，标志着40万吨矿石码头工程取得决定性胜利。我们永远不会忘记这一天——2010年12月26日，青岛港集团在董家口港区的40万吨矿石码头具备靠船条件，历经363个日夜的不懈斗争与奋斗，40万吨矿石码头蛟龙出海，长桥卧波。在建设大军的不懈努力下，在社会各界和全港的大力支持下，我们把不可能变成了现实。

第三章
发展是硬道理

什么是发展？虽然国际学术界对这个问题有过长期争议，但到了20世纪80年代基本形成共识，认为发展就是从传统农业社会向现代工业社会的变迁过程，简而言之，也就是实现现代化的过程。在中国，是邓小平首先在这种特有含义上把"发展"这一术语引用到中国的政治生活中来的，并根据中国国情做出了独特阐释：中国的发展就是摆脱贫困，实现社会主义现代化的过程。

科学发展观强调，发展是第一要义，就是强调在社会主义初级阶段我国的主要任务是发展，必须坚持以经济建设为中心，必须把解放和发展生产力作为根本任务，必须把实现社会主义现代化作为我们的根本目标。

发展创造一切

发展是解决任何问题最好的武器,只要企业发展了任何的难题和矛盾都会迎刃而解。就像一个人一样,贫穷的时候,食不果腹,朝不保夕,烦恼很多。等他富有了,这些问题就会变得不堪一击。以前青岛港发展不上去,员工的工作条件艰苦,社会地位低,生活、住房等一系列问题摆在我们面前,我们这一代人,亲身经历和参与了码头艰难创业的时期,更加了解了码头工人的贫穷、落后和愚昧,对此我也是头痛不已。

特别是上世纪八十年代,中国从计划经济向市场经济转变,国有企业一下子被推到了同一起跑线上,处在了同样的竞争环境中,任何企业、任何人再也不能等靠要过日子,再也不能因循守旧、一成不变过日子,再也不能"只要海水不干就有饭吃"。企业要想立于不败之地,基业长青、长盛不衰,必须自己想方设法地发展,又好又快地发展。

二十多年来,我们依靠发展,甩掉了国有企业的发展包袱,破解了"路往哪里走、钱从哪里来、人往哪里去"这一系列企业、特别是中国国有企业的发展难题;依靠发展,锻造了企业强大的竞争实力和发展后劲，成功应对了1997年的亚洲金融危机，特别是在2008年以来的全球金融危机中，我们坚持科学发展不动摇、增长指标不动摇、造福职工不动摇，保持了逆势增长。依靠发展，不仅没有把一名职工推向社会，还让职工彻底摆脱了愚昧、贫穷和落后，成为了发展的最大受益者，过上了富足美满的小康生活。发展让青岛港人不仅有能力解决自己的一切难题，更成为世界第七大港，集装箱世界第八大港，中国国有企业的典范，科学发展的标杆，职工生活得更加幸福，更有尊严。

实践告诉我们，世界上从来都没有救世主，没有神仙皇帝。发展是硬道理，干是硬道理，发展是企业的唯一出路，也是职工的幸福源泉。就像农民兄弟不能靠天等雨，猎户不能坐吃山空一样，我们干企业更不能幻想有什么捷径可走，更不能等着天上掉馅饼，命运掌握在我们手里，企业的前途掌握在我们手里，关键看我们能不能把握住自己。很多事情只要看准了就要义无反顾地去做，顶住风浪，顶住阻力，决不能后退一步。只要顶住了就是柳暗花明又一村，就有一片发展的新天地，从而在挑战极限中加快企业的发展，在挑战极限中享受无穷的乐趣。无论顺境逆境我们都要毫不动摇，困难越大干劲越大，形势越是严峻办法越多，永葆创业时的那股劲头和拼命大干的精神，以挑战极限的勇气和魄力不断地自己解放自己，自己发展自己，自己超越自己，突破一个又一个难关，把企业的命运牢牢地把握在自己的手中。

【案例】

三个亿吨的跨越

1978年,改革开放的春雷在中国大地上响起,青岛港却依然在计划经济体制下徘徊不前。在改革开放的第一个五年,中国的国民经济以7%—9%的速度增长,而青岛港作为国民经济的晴雨表,吞吐量却在1978年完成2002万吨的基础上,连续三年下滑,到1982年才再次突破2000万吨回到1978年的水平。直到1987年,吞吐量才刚刚达到3000万吨,这1000万吨的增加,青岛港整整用了9年的时间。

1988年开始,我担任了青岛港的一把手,这种局面让我忧心忡忡,决心改变这种现状。在全港员工的共同努力下,到1994年实现了吞吐量的第一个翻番,达到4212万吨。从1994年开始,青岛港每年以千万吨的增量快速增长,2001年12月11日,在中国正式加入世贸组织的这一天,青岛港超越亿吨,跨入综合性国际亿吨大港的行列,实现了历史性突破。青岛港的第一个亿吨,走过了109年的历史。

亿吨,对于青岛港这个百年老港来说,在改革开放初期,是连想都不敢想的梦,直到1986年的港口规划中才确立了"到2020年吞吐量达到11370万吨"的亿吨发展目标。2001年青岛港胜利突破亿吨,比当年的规划整整提前了20年。

从2001年开始,青岛港更是进入了发展的快车道。以每年两千万吨的台阶跨越，2006年青岛港超越了第二个亿吨，仅用5年的时间就走过了过去109年的亿吨发展历程。

此后，我们坚持科学发展，又好又快，每年以三千万吨、四千万吨的高增长量大步跨越。特别是2008年在全球金融危机的严峻形势下，仅仅用两年的时间胜利超越第3个亿吨。30多年来，青岛港全港吞吐量由1978年的2002万吨增至2010年的3.5亿吨，增长了17倍多，昂首挺进世界大港第七位。"十一五"期间，提前3年完成《青岛港"十一五"发展规划纲要》确定的"十一五"生产发展目标。

第三章 发展是硬道理

有条件要发展
没有条件创造条件也要发展

　　历史不加注解，发展创造一切。企业发展不上去没有任何理由，没有人会去解释说我们哪一年因为什么原因而发展缓慢了，也没有书本会去特别加注这一条，面对困难和挑战，我们发展上去就是英雄好汉，发展不上去，就没有必要、也没有颜面去强调曾经遇到过多大的困难，又为之付出过多少努力。总之，对于企业发展而言，不进则退，小进也是退，我们发展不上去或者发展得慢了就是退步、就是落后。所以，我总感到前面的标兵越来越多，离我们已经越来越远，而我们后面的追兵却越来越近，企业曾经的优势正在逐渐被弱化。特别青岛港没有什么优势，改革开放前只是一个默默无闻的支线港，我们只有早认识、早动手、早行动，才能发展得快一点，才能率先走出困境。

　　任何发展都不会一帆风顺的，都是坎坎坷坷、一路风雨走来的。如1997年，由泰国开始的一场遍及东南亚的金融风暴在下半年终于演变为波及整个亚洲的金融危机，当时我们预感到，这场危机无疑会对中国改革的持续深入和经济发展带来更加巨大的考验，尤其是作为世界贸易"寒暑表"的港口运输更是首当其冲，很多中国的企业将会陷入前所未有的困境，在这种情形之下怎么办？是等待和观望吗？这样的结果只会是停滞、是倒退，我们必须学会把劣势变成自己的优势，必须学会在困难和夹缝中寻找新的机遇。

2008年以来的金融危机全球并存，全海区并存，谁也无法避开，这是现实。但是，谁能赢得这场战争，就是看谁能创造性地工作，创造性地思维，这样才能高人一筹，夺得先机。在金融危机情况下，并不是所有的货种都受到影响，只要很好地分析研究，依然有很多新的增长点。我们对外，强强联盟，抱团发展；对内，强化管理，夯实根基，拿出了一系列当饭吃的措施，当钱花的办法，拿出能解决实际问题的硬碰硬的举措，实现了科学发展不动摇、增长指标不动摇、造福员工不动摇。

所以打仗没有一个固定的打法，企业的发展也没有一个固定的模式。所谓的优势就是别人想不到的我们想到了，人家干不好的我们干好了。所谓的机遇是抢来的、创造出来的，而不是等来的。这要求我们必须办到许多前人办不到的事情，许多世人办不到的事情。要办好这一切归根结底还要看我们自己有没有信心，有没有这个勇气，关键看我们自身的素质，我们自身的才能，能不能跟上这种要求。

人活着总是要有一点精神，没有精神的支撑，发展就不会持续。精神决定了我们应对一切困难和艰险的态度。态度是主动的，那么即使我们手中没有任何优势和资源，我们也会以创新的和独特的方式追求机会、创造价值和谋求增长；

态度是被动的，遍地是机会，腰也懒得弯下去。所以在我们眼中，没有什么不可能的事情，只有一些待解决的问题；不论是顺境或者是逆境，都没有任何值得骄傲的理由，没有任何值得松劲的借口，在压力和困难面前，永远都是遭灾不减志，困难不低头，干扰不退步，说了算，定了干，天大的困难也不变，永不满足、永不灰心、永远前进。坚信超越自我，才能超越奇迹，有条件要发展、没有条件创造条件也要发展，认准一条干一条，认准的事情就是要一干到底、干出成效、干出样子。

【案例】

"1>2"

2005年春节快到了，职工们长了工资，欢天喜地准备过大年。但摆在我面前，海港局势更严峻了：由于种种原因，青岛港已连续3年没有开工建设新码头，海港码头能力严重饱和，满足不了生产需要。2004年年底，青岛港当年完成货物吞吐量1.6亿吨，但港口的通过能力只有1.08亿吨，码头、机械、设施都处于高度超负荷状态。其中，铁矿石吞吐量达到5565万吨，但矿石码头通过能力只有2700万吨；油码头通过能力为2800万吨，实际吞吐量超过3106万吨；集装箱码头突破513万标准箱，实际能力只有225万标准箱！海港太需要码头，太需要空间了！

一艘艘船舶等着进港，一批批货物等着装卸。我心中唯一的念头是，带领海港员工实现东北亚国际航运中心的目标。但是，实现这个目标谈何容易！在国际上，东北亚的韩国、日本各大港口不仅投入巨资建设深水码头，而且加大了本国港口资源的整合力度，与中国港口之间的货源争夺、市场竞争更加激烈。在国内，交通部出台了《全国沿海港口布局规划》，对前几年滞后建设的大型码头进行"补课"建设，大型矿码头、集装箱码头发展迅速，港口之间的竞争全方位展开。

大年初一到初三，我一直把自己关在办公室里冥思苦想。没有码头怎么办？历史从来不加注解，历史不会写青岛港因为没有码头建而发展不起来，而会留下青岛港这几年里没有实现跨越发展。海洋岸线是比土地还要金贵的稀有资源，如果港口都走铺摊子、建码头的发展道路，哪里有那么多岸线可用？这不是科学发展观的方向。而科学发展观，正是中央提出的经济社会发展新思路。这让我心里豁然亮堂起来，决定走内涵式发展的道路，下定决心，2005年冲击更高的生产指标，用1个码头的能力，干出两个码头的活。初四，我把集团中层干部召集到一起，把"1>2"的思路提了出来。我告诉大家："在现有条件下，我们就是要科学发展，靠练兵、靠挖潜、靠管理、靠技改提高效率，走内涵式扩大再生产的道路，用1亿吨的能力冲击1.8亿吨。"自2005年开始，一场"1>2"的学习活动在青岛港深入开展起来。通过向科技创新要能力，青岛港用鼠标革了铁锹的命；通过向大练兵要能力，让许振超这样一批文化程度不高的工人成长为港口的技术"大拿"。设备设施落后、人员素质不高这原本都是国有企业的劣势，但青岛港通过对人力资源、设备设施资源、信息资源等的集中挖掘利用，不仅增强了港口自身的内功，创造了世界第一的集装箱"振超效率"、铁矿石"孙波效率"，还用仅占全国港口 1.3% 的码头岸线干出了全国港口 6.9% 的吞吐量，用只有 1 亿吨、300 万标准箱的能力，干出了 2008 年 3 亿吨、1000 万标准箱的吞吐量。目前，青岛港两个泊位等于日本神户港三个泊位，等于其他港口四、五个泊位。

当时青岛前湾集装箱码头有限责任公司（下简称 QQCT）的实际吞吐能力只有 225 万标准箱，2006 年，我给 QQCT 下达了全年完成 750 万标准箱装卸量的任务，是他们能力的 3.3 倍。QQCT 一天要装卸 2 万多个集装箱，相当于一天装卸近 10 条船，才能完成全年任务。QQCT 可是我眼中的宝贝疙瘩，青岛港成为东北亚航运中心的梦想，比的就是集装箱码头的吞吐量。对此，我是心急如焚。

为了稳固齐鲁市场腹地，QQCT 副总经理任民强和负责开拓市场的商务部经理朱广太 8 次深入齐鲁腹地，提出了"人无我有，人有我优"的口号。但青岛港由于码头能力所限，揽到的货没有更多增加。4 个月过去了，QQCT 没有完成按月分配的生产任务。当时，我月月望着 QQCT 的生产报表着急。

2006 年 6 月的一天，我们召开全集团市场分析会，我甚至对任民强说："你如果完不成规定指标，你就是青岛港的罪人！"任民强告诉我："别的港口使出了五花八门的竞争手段,我们是中外合资公司,一切举措必须经过董事会批准,赶不上竞争对手的手段灵活。"我给他打气道:"困难再大也要干!如果躺倒不干,码头晒了太阳,港口的工人们就要没岗位、没饭吃了。"见任民强不吭声,我又继续说道:"不管怎样,必须完成任务。要一手抓市场,想尽一切办法揽货源;同时,对内要重点抓安全生产,特别是提高效率。通过提高效率提高箱量,保证船公司的正点率。"

为了提高效率,全港上下掀起了苦练绝活的热潮。工人楷模许振超所在的QQCT桥吊队苦练绝活,桥吊司机从50多米高空的司机室里操纵吊具,竟然能一下命中地面上的10环靶的靶心。每个司机用秒表掐着速度进行装卸作业。2006年11月27日8点30分,中远集团的世界巨轮"中远北京"轮靠上青岛港集装箱码头。集装箱船高40多米,几乎与桥吊司机室平行。许振超拿到轮船的装货单后,急出了一身汗。船舱里的货很多,但在船舱里作业,受场地限制,司机只能2分钟吊一个箱子,一小时才吊30个,照这样的速度,在20小时内完成作业,再破世界纪录,几乎是不可能的。他看到司机从船上吊起的箱子里有不少空箱子,灵机一动。能否一把抓四个箱子?他找来船长一起计算,印证了他的想法。于是,一种新的装卸方法产生了,船上的人提前把空箱四个一串挂好,司机一把抓起四个箱子,作业速度快起来。第一个小时结束,他们共装卸了900个箱子,等于正常速度下2个半小时的活。到第二天夜里两点,"中远北京"轮作业箱量一次性达到10239标准箱,比原计划提前10小时完成了装卸作业，鸣笛离开了码头，他们再次打破了集装箱装卸的世界纪录。司机们平均1分钟吊1个多箱子，最快的只有50秒。2006年，QQCT全年接卸集装箱770万标准箱，超额完成了年初确定的750万标准箱的指标。

我们就是靠苦练内功，建码头发展，不建码头挖潜照样发展。即使在2008年金融危机港口吞吐量普遍下降的情况下，青岛港依然保持了逆势增长，2009年青岛港吞吐量超越了3.15亿吨，同比增长5%。2010年吞吐量更是实现了3.5亿吨，集装箱完成了1200万标准箱，跃居世界第八。

其实，只有内行人才知道这个数字的来之不易！港口运输的区域性特点决定了它对腹地经济的高度依赖性。众所周知，以山东半岛为依托进而辐射沿黄流域的青岛港腹地，与上海港和深圳港所依托的强大的长江三角洲经济带和珠江三角洲经济带无法相比。换句话说，上海港和深圳盐田港即使不发展中转，仍然会以高速增长的直接箱源保持集装箱大港的优势地位，其绝对箱量仍然让他们可以轻而易举地跻身世界集装箱大港前10强，而青岛港实现这一切，只有靠我们主观的巨大努力来弥补客观的不足。

一切从实际出发

企业家到底应当怎样做好这日复一日、年复一年摆在我们案头的战略决策问题？从在青岛港几十年的发展实践过程中，我深深感到实事求是、一切从实际出发至关重要。特别是当前世界发展瞬息万变，令人眼花缭乱，但世界再变化，我们总归要有一个定位，要有一个自己的目标，按照企业的实际，确定企业的发展思路。

办企业不是摆花架子，必须要创造真金白银，一切工作都是为了推动发展。所以一个决策、一项工作的好坏就是看能不能实事求是，能不能从实际出发，是不是能按照自己的实际情况，解决自己的实际问题。也就是说，要看了不了解第一手资料，了不了解实际的情况，能不能做到民主、科学地决策。一个战略的成功制定也要看我们是否从实际出发，真真正正地掌握好市场的情况，掌握好企业的管理情况，掌握好员工的心态，这样，企业的领导者做决策才能有一个根基。

对于青岛港来说，首先是要看到我们处在社会主义初级阶段，这是我们的基本国情，一切都是要从这个基本国情出发；其次是要了解当前的世情，也就是世界日新月异的变化情况；再次要按照我们青岛港的港情，也就是我们自己的实际情况；最后还要从我们的人情出发，人情是什么？就是中国人的思维方式，也就是从中国的文化出发。我们想问题、办事情、做决策都得从这个实际出发，走好自己的路，办好自己的事，建好自己的家。

企业首先得有个强健身体，如果自己内部不强，就无法应对外部，无法应对世界形势发展。所以改革开放初期，八十年代末，我们首先就是量力而行，从内部抓起，因此从1990年到1995年，我们实施了夯基战略，创建名牌港口，做好青岛港。当时我们把战略定位在"夯基战略"，就是遵循当时的实际，首先要把基础打好，基础不牢，地动山摇，抓好"三基"（基础、基层、基本功）、抓好我们的内部管理，抓好我们内部的各项事务。这个战略的实施使青岛港的管理上了一个大台阶，成为"苦练内功"的典型。

特别是在1992年小平同志南方谈话发表后，青岛港根据小平同志提出的"三个有利于"，提出了"是否有利于提高港口安全质量和经济效益；是否有利于增强港口的竞争实力和发展后劲；是否有利于员工生活质量的提高；是否有利于加强港口精神文明建设"作为检验港口各项工作成效的"四条标准"，以及"装卸生产主战场在港外"等一系列经营战略，更是有力地促进了港口跨越式发展。

"实践是检验真理的唯一标准"。我们在计划经济向市场经济转轨、没有任何规律可遵循，没有任何经验可借鉴的情况下，始终坚持一切从实际出发，不惟书、不惟上、只惟实，科学决策、超前决策,确立了正确的指导思想和检验工作的"四条标准",才找准了出路,把准了方向,使我们在国企改革发展的重重困难面前,闯出了一条振兴国有企业的成功之路,创造了国有企业改革发展的成功模式。

从中让我深刻体会到,企业管理离开了"给自己干的、不是给别人看的"就一事无成。所以一切从实际出发是一切战略决策的起点,无论身处什么样的政策环境、面对什么样的竞争氛围、拥有什么样的内部组织,无一例外,都必须要面对现实、实事求是,正确地分析和把握形势,及时准确做出战略和决策,照搬照抄将水土不服。也就是说,凡是和企业经营管理有关的,都要结合中国的国情、企业的实际情况、员工的实际素质,做出冷静客观的判断。对于企业界的各种思潮、趋势,如果不符合企业实际,一概弃之不用;对于那些已经被普遍抛弃的经验,只要有利用价值,就毫不犹豫地为我所用,不为潮流所左右,一切从实际出发,也只有这样,我们才能找准工作的出发点和切入点,企业、特别是国有企业才能把握自己的命运。

【案例】

化危为"机"

最初,没有人预料到,发端于美国的次贷危机,一步步演化和扩大成了一场全球金融风暴。2008年9月15日,美国雷曼兄弟公司轰然倒下,金融危机自华尔街决堤而出,席卷全球:美国季度GDP创下27年来的最大降幅,道琼斯指数暴跌近半;日本、欧元区经济陷入严重衰退……世界经济面临着二战结束以来的首次负增长。在此后充满煎熬的一年内,面对经济急剧下滑的颓势,很多国家危讯不断,中国经济也遭遇改革开放以来罕有的巨大困难。2009年,中国经受住了新世纪以来最严峻的考验,在全球率先实现经济回升向好,成为世界经济触底反弹的新引擎。2010年,中国有针对性地加强和改善宏观调控,巩固和发展应对国际金融危机冲击的成效,加快转变经济发展方式,GDP增速高达10.3%。在金融危机的严峻形势下,中国经济一枝独秀,成为提振世界信心的力量源泉。

在应对危机的过程中,全球经济"晴雨表"港航业是重灾区。2008年的下半年间,国际干散货运价波罗的海指数由2008年5月20日的11793点暴跌至12月5日的666点。当时我们青岛港集装箱由每月600多班减为500多班,煤炭、矿石堆场爆满,进口原油无处接卸。

但是,国有企业作为国家队,越是在危机时刻,越是要挺起国企的脊梁,积极为国家、为社会多做贡献,当好祖国母亲的孝子。在这种情况下,我们必须明确"三个特殊",即认清特殊时期,研究特殊思路,发挥特殊优势;做到"三个破除",即破除盲目乐观,破除等待观望,破除惊慌失措;树立"三个意识",即树立"三感"意识,树立机遇意识,树立大局意识;做到"三个不变",即发展信心不变,增长指标不变，造福员工不变；搞好"三个研究"，即要研究周边，研究政策，研究内部，坚持科学发展不动摇，增长指标不动摇，造福员工不动摇，保证危机形势下港口生产发展乘胜前进。

应对危机不仅要有战胜危机的信心，关键更要拿出当饭吃的措施，当钱花的办法，拿出能解决实际问题的硬碰硬的举措。面对重重困难，我们在生产组织上，坚持高度集中统一的管理模式，实行码头、机械、库场等在内的资源共享、统一调度、统一指挥。特别是面对进口矿石居高不下的形势，把原来一个专业公司从事进口矿石接卸，调整到三个装卸公司同时接卸，矿石接卸泊位由5个扩大到8个，实现了进口矿石20%的大幅增长。同时科学调度、精心组织，大力开展争创"工人先锋号"劳动竞赛，创出了集团以上的装卸生产纪录近200项，实现了装卸生产的逆势发展。

任何单位、任何人在危机形势下都不能独善其身。我们青岛港就是千方百计要与各大船东、货主、兄弟港口抱团取暖。为此，我们远赴210个地市县，走访1105家船东、货主，还与日照、烟台港缔结战略联盟。与中远、中海以及马士基、美国总统、达飞等10多家船公司签订了空箱堆存协议，打造空箱调运基地，为船公司节省了巨额费用，而且为青岛港增加了72万标准箱的吞吐量；为货主降低物流成本，积极协调铁路部门，开通铝矾土专列，每吨为货主节约10元的费用；为帮助青岛钢厂降低物流成本，将青岛钢厂的进口矿石由黄岛移至青岛老港区接卸，每吨降低近20元成本，同时重金投入，在老港区增加洗车池、喷淋、苫盖、清扫车等环保设施；

在港外租用场地为煤炭客户堆存煤炭，缓解货主的燃眉之急，保证外贸出口煤上量；走访日照、烟台、威海、龙口等周边兄弟港口，牵头开通内支线，联手发展，稳固市场，实现双赢。众多船公司在纷纷削减欧美主干航线的形势下，在青岛港增开了南美、中东等近20条新航线。

我们还坚持深入挖潜、提速增效。面对港口通过能力严重不足的困难，不惜投入上千万元巨资大面积拆除办公楼、候工楼、职工食堂、浴室等生活、办公设施，新增堆存量300多万吨，保证矿石进口量月月增长；投入资金1.3亿元建设了火车装车楼，扩大疏运能力；与铁道部签订战略合作协议，使青岛港成为全国港口唯一首批九家铁路大客户之一，确保铁矿石运输质的飞跃；开通了16对"货车客车化"点对点专列；协助青岛铁路经营集团开通了黄岛站油品装车专用线，为货主提供了新的疏运通道；采取"船船直取"、"车船直取"、"自流装车"等方式，提高进口油疏运效率，盘活油运市场；与铁路共同投资建设了油品装车线，既推动了周边炼厂的发展，缓解了罐容紧张的难题，又为客户降低了物流成本。

此外我们还不断开拓市场、扩大货源。在与中石化合资合作的基础上，又与中油燃料油有限公司、中国船舶燃料油供应总公司等石化企业以及地方炼厂签定长期战略合作协议，抢揽进口油，确保了全国进口油第一的地位；与太钢、宝钢、邯钢、济钢、莱钢等大钢厂、南非库珀等矿山以及贸易商签定长期战略合作协议，合作共赢，确保矿石接卸世界第一的地位。我们为相关方牵线搭桥、组装市场，为青岛、黄岛电厂以及周边钢厂组合外贸进口煤，为中小钢厂拼船、开展保税业务等措施，增加了矿石接卸量。同时还不断创新通道，联合海关、铁路、船公司，在西安、乌鲁木齐、成都、郑州等内陆主要城市建设内陆"无水港"，将码头搬到了内地；积极发展海铁联运，开通郑州、西安、侯马、淄博、成都等到青岛港的集装箱大列，联合货主和铁路部门，发展过境大列，成功把腹地延伸到中西亚和欧洲地区。抓住国家拉动内需的机遇，大力发展内贸集装箱，利用自己的车队"重去重回"，以东北为重点开辟新的物流通道，积极争取船公司合作，打造北方纸浆分拨基地，争取海关支持，充分发挥保税功能，不仅缓解了危机形势下企业资金流紧张的难题，而且吸引了货源，使氧化铝、硫磺等货种都有所增长。

随着中国政府"一揽子计划"的实施和国家省市经济回暖，港口生产逆势上扬。2008年完成港口吞吐量30029万吨，同比增长13.3%；完成集装箱1002万标准箱，同比增长5.9%。在危机中实现了3亿吨的跨越，保持了平稳较快增长。

绿色发展是大势所趋

人类只有一个地球,地球养育了人类,我们要珍惜地球、保护家园,地球才能孕育万物,人类才会生生不息。当前,人类居住的地球正在面临着严峻的挑战,在全球气候变暖、自然灾害频发的形势下,转变经济发展方式,实现绿色发展,已经是大势所趋,刻不容缓。

发展不是盲目铺摊子,决不能搞短期行为。我们不能干了今天不想明天,我们不能光考虑现在有吃有喝,应该考虑到子孙后代的长远发展、今后长远的幸福生活。在新一轮经济结构调整当中,我们不仅要关注企业自身的发展,更要立足全局放眼长远,履行好社会责任。有几种发展是最要不得的。一是此起彼伏式的发展,就是发展不均衡。这种发展是危险的,这不是一个此消彼长的问题,而是一个发展的软肋,很可能成为竞争对手攻破的关键点。二是政策扶持型的发展。靠政策扶持的企业是不会长久的,一个企业要健康地发展还是要靠自身的活力。三是重物轻人型的发展。如果一个企业只是一味地追求经济利益而忽视了企业人的管理,这样的企业也不会基业长青。四是破坏和牺牲生态环境型的发展。任何一个企业的发展都不要以牺牲生态环境作为代价,这是利在当今，功德无量的大事。

特别是作为港口，不仅是全球经济的晴雨表、世界经济增长的重要推动力，同时也是世界上主要耗能和污染源头之一。在全球能源危机和环境恶化的严峻形势下，我们深深感到当前"转方式、调结构"是企业发展的唯一出路，这个话题已经不是一个未雨绸缪的前瞻性规划，而是我们一场居危思危的背水一战。无论是危机时代还是后危机时代，我们当务之急是要转变思想观念，由"要我转"变成"我要转"，痛下决心、刻不容缓、立说立行，以自主创新、资源节约、环境友好、质量效益、管理精细、亲情和谐为发展方向，责无旁贷地当好转变经济发展方式、创建低碳绿色模式的排头兵。

我们要坚持把资源节约、环境友好作为第一要务，从人类社会可持续发展的战略高度，从企业基业长青、长盛不衰的战略高度，制定既符合企业发展规律，又符合自身发展实际的绿色规划，确定中长期绿色指标，不仅重视吞吐量、经济效益等预期性指标，而且高度重视节能环保等约束性指标。当前我们根据中国政府2020年单位国内生产总值二氧化碳排放比2005年降低40%~45%的承诺，将绿色、低碳港口规划纳入港口发展的总体战略，确立了到2020年港口万吨吞吐量能源单耗比2005年总体下降40%、年均下降3.35%以上的目标。

同时针对全球港口资源整合的大势，进一步整合区域间的港口资源，优化布局，调整结构，建立高度集中统一的资源利用模式和功能相对集中的港区结构，从源头上杜绝重复劳动和资源浪费。我们与日照港、烟台港、威海港、韩国釜山港建立战略联盟的伙伴关系，并正式签署"4+1"战略联盟框架协议，合力推进包容性增长，带动区域经济科学发展。

我们在发展中坚持国际标准，推进科技升级。落后的生产能力是资源能源浪费、环境污染的源头。以绿色科技推动建设绿色港口，是世界各大港口转变经济发展方式、调整港口经营结构的必然趋势。我们坚持依靠科技进步和技术创新提升港口现代化水平，加强信息化建设，以信息技术"改造"传统码头工艺，由"港口信息化"转变为"信息化港口"；扩大使用绿色能源，广泛推广"油改电"、"油改气"技术；加速科技成果转化和应用，发展循环经济，大力开发低碳技术和低碳产品。

特别是我感到要在发展低碳经济上舍得投入，加快淘汰高排放、高污染、高能耗的落后产能，同时加大信息技术、新能源、新材料新兴技术的研发使用力度，把港口由能源消耗大户变成节能减排的大户，把容易造成污染的行业变成绿色环保的行业，彻底摆脱高能耗、高排放、高污染的发展方式，力争用最少的资源，换取最大的回报，用有限的资源创造出无限的财富，用我们的发展实践证明，人类完全可以找到一种既保护气候、符合环境要求，又有利于提高经济效率、促进发展的新模式，为了我们共同的家园，为了我们的美好未来，共同担当起绿色发展的责任，掌握绿色发展的主动权，让人们生活得更加美好、更加幸福。

【案例】

打造蓝天、碧水、绿地工程

当前，以气候变暖为主要特征的全球气候变化已成为21世纪人类共同面临的、最重大的环境与发展挑战。发展低碳经济，减少二氧化碳排放，有效应对气候变化是全人类共同的责任。我们积极推进港口发展"由主要依靠物质能源消耗向主要依靠科技进步、劳动者素质提高、管理创新转变"，由粗放型向集约型转变，做精做强做大青岛港，大力建设资源节约、环境友好、质量效益型港口。特别是投入26.5亿元购置、制造技术先进、环保节能的机械设备，开展生态保护和污染防治，"十一五"期间港口吞吐量增长了一倍多，综合能源单耗下降了21.6%。用全国沿海港口1.3%的码头岸线干出了6.9%的吞吐量，用10多平方公里的面积干出了其它港口50—100平方公里的活儿，用一个青岛港的设计能力干出了三个青岛港的业绩，创造了高效集约、科技驱动、绿色低碳的发展模式。

蓝天工程，让空中不见黑烟尘。青岛港在前湾新港区建设了现代化的矿石、煤炭码头，将原先在青岛老港区作业的铁矿石、煤炭全部转移到前湾新港区。为了防止煤尘、矿粉污染，针对矿、煤等散杂货作业的特点，从卸船开始，到运输、堆码、出港等各个环节采取了一系列防尘措施，实施全方位立体大防护。我们投资4000多万元建成了高18米、长2公里的散货堆场环保防风抑尘墙，同时投资上百万元在港区周边栽种高大树木，既美化了环境又有效遏制了粉尘污染。在堆场内安装高架喷淋设施，实施喷淋抑尘。主要从事矿煤散货作业的前港公司还结合生产实际，研制成功了一种抑尘剂，并获得国家专利，通过喷洒，使矿石粉尘凝结，给矿石垛"打摩丝"；对煤炭、矿石用篷布苫盖，给货垛"盖被"，保证不扬尘。每天安排专门机械和人员不间断用中水冲洗港区道路和码头，给码头道路"洗脸"，保证码头道路24小时保洁；在港区出口处设置多个洗车池，对出港的市提车辆进行冲洗，给市提车辆"洗澡"，保证车辆干干净净上路。

碧水工程，让海域清澈洁净。对到港的油轮全部实施围油栏作业，并配备了现代化的防污设施和专用的环保船舶。每年用资近百万元，设8条专船配专人打捞海上漂浮物。为防止船舶垃圾入海，对停泊在锚地的船舶配备专业垃圾船接收，对靠岸船舶设专车每天接收。在油港和前湾两个港区均建立了生活污水处理场，港区生活污水处理率达到100%，并全部用于矿石煤炭作业的喷淋抑尘和绿化浇灌、道路清洗保洁，不仅实现了生活污水的零排放，而且节约了自来水资源。

绿地工程，让港口成了大花园。港口绿化面积达100多万平方米，三季有花，四季常青。实现了人与自然、生产与环境、港口与社会的和谐统一。多年来，青岛港先后被评为全国造林绿化300佳单位、全国绿化模范单位、国家环境友好企业，被世界环境中心与中国企业联合会共同授予"节能环保最佳企业"荣誉称号,打造了环保节能型港口。2008年交通运输部三次召开会议,对青岛港节能环保工作大会鼓励,现场指导。集装箱轮胎吊"油改电"等三个项目,被部评为全国交通行业节能减排示范项目。荣获山东省节能突出贡献奖,是五家获奖企业的唯一一家交通企业,并获得政府奖励100万元。

第四章
管理有法　管无定法

　　我很赞同现代管理学大师彼得·德鲁克对管理下的定义："管理就是界定企业的使命，并激励和组织人力资源去实现这个使命。界定使命是企业家的任务，而激励与组织人力资源是领导力的范畴，二者的结合就是管理。"

　　社会主义市场经济体制，为国有企业的发展壮大开辟了宽广的道路，国有企业将更好地发挥主体作用，获得越来越强的生机和活力。但是，任何外部环境的改善，都不能取代企业自身的努力，在大体相同的外部条件下，决定国有企业成败的决定性因素在国有企业内部的管理，只有通过不断地改革创新、强化管理，把企业自身的事情办好，才能使企业在日趋激烈的市场竞争中立于不败之地。青岛港的实践充分体现出管理有法、管无定法。

塑造一个信仰 一个声音 一个劲头

进入改革开放的新时期,各种社会思潮风起云涌,拜金主义、享乐主义、极端个人主义和消极腐败现象侵蚀着党和国家的肌体,同我们党的本色和宗旨背道而驰,我们的事业面临的最大冲击和考验表面上看起来是生存问题、发展问题,归根结底是我们的理想问题、使命问题,特别在当前的形势下,万众一心、共闯难关是最大的问题,只有团结一心、干事创业,我们的发展才有保证。

我们就是要让老百姓对国有企业充满信心,就是要证明、要告诉大家在科学发展观的指引下,共产党可以领导好国有企业,国有企业振兴大有希望。通过我们全港员工的大凝聚,增强社会民众的大凝聚、大和谐,如果考虑问题能够从国家、民族的长远利益出发,从社会的广泛角度出发,我们的视野就会更开阔,办事情的境界就会随之提升,也就会把事情办得更好,更得人心。

几十年的实践使我们深深认识到,企业管理最为重要的就是要通过各种形式教育、引导全体员工牢牢树立一个信仰、一个声音、一个劲头,解决大家为什么干、怎么干、好好干的问题。这个问题解决好了，我们管理的其他问题就会迎刃而解。

要打造这"三个一"工程，就离不开思想政治工作，思想政治工作是经济工作和其他一切工作的生命线，是我们党和国有企业的"传家宝"。经济的多元化，社会需求的多元化，这是正常的，但是作为企业来讲，思想上就是要一元化，就是要用社会主义的核心价值体系来教育我们，武装我们，使我们真正心往一处想，劲往一处使，知道自己为谁扛枪、为谁打仗，这样企业才会有强大的向心力和凝聚力，每个人才能有更高的热情、更大的动力去创造。特别是年轻人，要重视政治学习和社会主义核心价值体系的教育，使我们价值取向和思想目标追求能够取得高度一致。

要打造这"三个一"工程，就是要解决全体员工的价值观问题，就是无论形势如何变幻，我们必须本着对港口负责、对员工负责的态度，持之以恒地坚持下去。作为青岛港来讲，我们倡导的价值观就是"一代人要有一代人的作为，一代人要有一代人的贡献，一代人要有一代人的牺牲"的"三个一代人"精神和精忠报国、服务社会、造福员工的"三大使命"。我们领导干部对外要应对市场，对内要解决对员工的问题，就是通过我们的工作怎么使员工满意，这是我们领导干部的价值观。我们的员工要解决的价值观就是对企业的忠诚度。为企业奉献发展、爱岗敬业，不是为了索取，而是为了奉献。全港上下一个信仰、一个声音、一个劲头，干事创业，把青岛港的事情办得更好。

【案例】

一元化管理推动合资企业大发展

2009年12月18日，青岛香格里拉大饭店盛世堂灯火辉煌。我们和招商局集团、迪拜环球港务集团、中远集团、马士基集团、泛亚集团"三国六方"，举行青岛前湾联合集装箱码头有限责任公司（QQCTU）合资合同签约仪式，六方成立合资公司，共同经营前湾的9个集装箱泊位。这是2009年中国最大的港口合资项目。

新成立的青岛前湾联合集装箱码头有限责任公司（QQCTU），合资经营青岛新前湾集装箱码头有限责任公司（QQCTN）前湾四期的4个集装箱泊位和青岛港招商局国际集装箱码头有限公司（CMT）的5个集装箱泊位，9个泊位总长3163米。

整合到一起的码头岸线，建设起笔直的世界上最长的顺岸码头。我们委派张江南走马上任，担任合资公司的总经理。他的任务是，从零起步，一年盈利。

虽然合资公司380多人中，招商局有270多人，占了多数，而且从资金上，招商局的股份占50%，是第一大股东，其余五家占50%，其中，青岛港只占有12.4%的股份，但招商局集团董事长傅育宁一锤定音："一家人，一家亲，按青岛港的管理模式，大胆进行管理。"

张江南按照青岛港的管理模式开始培训员工,合资公司员工的待遇与青岛港员工完全相同,桥吊司机一个月工资最少6000元。员工的积极性被调动起来。

同时,我们安排QQCT的任民强担任青岛港集装箱发展领导小组的组长,负责统一开发市场,统一安排船舶靠泊,全部人马统一冲锋陷阵,攥成一个拳头。合资公司的9个泊位,被纳入进来统一使用,既缓解了原码头能力不足的问题,又给新公司的码头带来了船舶。1月21日,新合资公司刚刚"满月",一个月就接卸集装箱船舶36条,其中200米以上船舶11条,完成箱量22487标准箱,并接卸散货船三条,完成吞吐量29万吨。

我参加了QQCTU成立以来的首次员工大会,并与员工面对面谈到:"合资合作的道路确实来之不易,干企业和住家过日子一样,大家心齐,这个家就过得红火。人一生的时间很短暂,怎么过才有意义?人争一口气,佛争一炷香。与其窝窝囊囊地过,不如风风光光地过。这样,到哪里,咱腰板都挺得直,谁都尊敬,谁都敬佩。"

其实,招商局的员工比青岛港来的员工还好管理,员工们加班加点,从来没有人叫苦叫累。因为他们更懂得珍惜。2010年4月,合资公司第一次长工资。成立5个月,QQCTU吞吐量完成集装箱36万标准箱、散杂货233万吨,收入达到1.5亿元,盈利2800万元。

下半年,青岛港又开始了22年来第32次大增资,增资比例和QQCT等兄弟单位一样,达到了16%,收入水平与青岛港的员工正式拉平。强强联合的良好业绩，使我们和招商局都信心百倍，再次寻找新的合作机会。

2010年6月5日，青岛前湾西港联合码头有限责任公司合资合同签约仪式举行。从集装箱到散杂货合资，这是青岛港与招商局集团第二次握手。统一经营青岛港位于前湾港区现有的5个散杂货泊位及青岛港招商局国际集装箱码头有限公司位于前湾港区现有的2个散杂货泊位。时任招商局集团董事长的秦晓在接受媒体采访时，对青岛港所代表的北方港口发展模式给予了肯定："港口的合作，港口资源整合是种趋势，是一条发展道路。"

到2010年底，QQCTU当年完成集装箱吞吐量达到110万标准箱，共获得收入4.5亿元，其中，利润为3500万元，企业上缴青岛市税收1500万元，步入了良性发展的快车道。

管理要上去　重心必须下去

我认为,管理水平要上去,重心必须下去。为此,从2003年我们青岛港改制时,我们就提出了与建立现代企业制度相匹配的"四级管理"格局,即集团是决策层,公司是经营层,基层队是管理层,同时我们把管理重心下移到队,并把班组作为操作层,后来我们又根据港口生产特点和实际不断完善四级管理格局,增加"车为执行层"这一个层面,形成五级管理格局。

五级管理各自定位。决策层关键要把财富变成资源,把资金变成资源,形成生产手段;多建码头多加强我们的硬件建设,是决策层的职能。经营层公司的定位是把资源变成财富。我们花巨资建成码头和投入设备,经营层的主要任务就是把这些资源很好地变成财富。管理层就是把管理重心下移,基层队要管好人,负好责。班组是操作层,就是按照基层队的指令做好工作。大力推行车为执行层,实现节能减排精细化。五级管理实施以后,减少了低水平的重复管理,使我们劳动的管理效率效能更加提高,人员大大地精简。

在青岛港,"队"大体相当于军队的"连",是基本的生产管理单位，港口的生产任务，主要靠基层队来完成。将队重新定位为管理层，强调"队为核心"，就像当年红军将支部建在连上一样，使基层队有职、有权、有责，由被动管理单位变为主动管理单位，变成战斗堡垒，变成经济实体，变成学习团队，变成员工家园。

当队长要直接领兵打仗，直接跟员工打交道，直接在一线战斗。这样的特殊地位、特殊作用、特殊工作场合，就要求我们必须以身作则，冲锋在前，退却在后。怎么叫冲锋在前，退却在后？就是配完工以后，先到现场去，干完活以后，最后一个离开。就是我们经常讲的要"抓两头，带中间"，决不能整天在屋里坐着。配完工之后，要先到现场抓开头。工作结束以后，必须全面检查，及时地发现问题，解决问题，各个方面都要做个好样子。

班组是企业的"细胞"，是最基层的一个单位，所以我们工作的千头万绪，都要通过班组来落实，我们的各项工作，都要在班组中得到实现，上面千条线，下面一根针，我们在内部队伍的管理上，眼睛要盯在班组，经常、及时地研究和总结加强班组管理的经验和教训。

【案例】

管理重心层层下移

管理的关键在于有效。世界著名管理大师杰克·韦尔奇有一句名言:"管理就是把复杂的问题简单化。"从2011年4月份开始,我们出台了"每月基层只上报月初安排、月中、月末小结三份材料"、"集团领导下到公司参加司务会、公司领导下到队参加队务会"等一系列新举措,实现了对基层管理的简约化、高效化、垂直化,抓住了有效管理的"牛鼻子",赢得了基层的欢迎,掀起了全港管理创新的新革命。

4月16日,在青岛港当前工作研讨会上,我对"一月三报"工作进行了安排,每月基层只上报月初安排、月中、月末小结三份材料,决不能给基层额外布置作业、增加负担。"一月三报"就是要为基层减负,为管理增效。因为管理制度并非越多越好,也不是越复杂越好,而应是既简单又易于执行。"三大纪律、八项注意",寥寥数字的行为准则,铸就出一支在世界上战无不胜的强大军队,足见简约的力量。我们希望"一月三报"也是如此。

"一月三报"就是为了避繁就简:原先,基层每月往集团各部室分别上报安排、总结等多份材料,面面俱到撰写"大部头",往往存在重复劳动的现象,耗时耗力。现在,基层只统一向集团办公室上报月初安排、月中、月底小结3份材料，能用数字的不用文字，"列单子"代替大篇幅，简明扼要，一目了然。

同样的工作，方法不同，效果则大不相同。较之以前的面面俱"报"，各基层单位普遍反映："一月三报"使工作内容简约化，有效减轻了基层的工作负担，让基层腾出更多精力抓生产。同时，月初、月中、月底分别上报，加强了集团对基层的动态督查与实时把关。集团各部室也表示："一月三报"实施以来，基层上报的信息更加提炼，更好地反映了最新的动态，进一步增加了对基层管理的针对性，增强了管理实效。

5月3日，在青岛港五月份工作安排汇报会上，我又明确提出要"重心下移，加强管理"：从五月开始，集团领导、部室负责人每月参加一次基层司（厂）务会议。公司领导、机关每月至少参加一次队务会议。

5月9日开始，集团党政领导带领集团部室领导和机关人员，深入各对口单位参加基层司务会。这是集团干部作风的新变化，也是全港管理创新的实步伐。

一次次"重心下移"，树立了领导干部的良好形象。各级领导与员工面对面交心，一线员工都说："司务会上，领导与我们的距离拉近了，在我们心中的形象更亲切了。"同时，更增强了领导干部的综合素质。各级干部把司务会当作学习会，向基层的创新实践学习，向一线的创新员工学习，找准了下一步学习提升的发力点，密切了干群关系。司务会上，各级领导与基层心往一块想，智往一起聚，力往一处使，增进了彼此了解和信任,破解了发展难题。通过司务会,各级干部进一步吃透了、摸清了基层情况,"明白人办明白事",帮助基层破解难题更加得心应手、有的放矢。

基层一月三报、各级领导每月一次司务会议或队务会议……正是找到把复杂问题简单化的方法与途径,牵住有效管理的"牛鼻子",港口的管理创新正全速推进,收效日显。

既要严管　更得厚爱

第四章　管理有法　管无定法

严管的目的就是厚爱，它们仿佛是一对孪生兄弟，只有把严管和厚爱结合起来、处理得当，各个环节才会像链条一样有序地运转起来。

管的目的是什么？是爱，是为了员工好，严管才有方向，员工才能知错改错。带队伍没有法不行，法的目的是为了爱护员工，必须要有情感的力量。现代社会不能没有情，港口为什么要成为一个大家庭，就是为了让大家在这里都能感受到向心力和凝聚力。

要做到严管厚爱，首先要突出地解决好对员工的感情问题，切实把员工当成自己的兄弟姊妹，而不能单纯地当成劳动力，变成劳动的工具，切实解决好严管与厚爱的关系问题。严管与厚爱是一个统一体。严管的出发点要建立在厚爱的基础上，严管是对员工负责，对家庭负责，而不是为了伤害哪个人。

要做到严管厚爱，还必须要在管理中始终坚持"三个大张旗鼓"、"四个并重"。即："大张旗鼓肯定工作，大张旗鼓批评不足，大张旗鼓指出方向"和"教育与处理并重，表扬与批评并重,奖励与处罚并重,经验与教训并重",重点针对中层以上领导干部。我们之所以这么提,体现了对我们干部的严管厚爱,也体现了对员工的严管厚爱。我们对干部队伍的严格要求,是建立在为广大员工造福的基础上。

作为领导,不要感到敢抓敢管,大胆管理,得罪人多了,会失去选票。不会的。应当相信群众,是为公还是为私,是为了他好不是为了他坏,大家心里都有杆秤。要相信实践,相信群众。我们的品行就体现在敢不敢抓、敢不敢管上。敢抓就是敢于抓歪风邪气,敢于批评不良现象,在批评当中、在处理当中不断提高管理水平。敢管不是对员工态度蛮横,要对员工有爱心,有了爱心才能严管厚爱。要很好地爱护、尊重我们的员工和农民工兄弟。我感觉在青岛港当干部就这么两条,只要抓住了,员工就拥护。

比如,机关在服务基层的过程中,要与人为善,以工作为大局,而不能取决于个人好恶。基层哪里做得不对,都要善意地帮助、教育、改正。基层有很多问题、很多困难,机关就要服务,就要善于帮助解决。这就是"严管厚爱"。不严管都松管,什么指标、什么考核都会不管用,肯定要失控。厚爱,就是基层不论有什么困难,我们都要满腔热情地去帮助解决。领导工作要正确地运用好手中的权力,正确运用好领导的企盼、下级的企盼。机关要承担责任,解决问题,让基层感到温暖。

再比如,当班长不能光上班认识伙计,下班还得去走访,谁有头疼脑热了,谁家里有事了,要心中有数,能解决的赶快解决，解决不了的赶快汇报给队里。抓住这几条，班长的榜样力量就树起来了，人格的力量就树起来了，别人才能服你、敬你、畏你，班长才会有威信，伙计们才能跟着班长好好干。

【案例】

"五个平安"管理是对员工的最大爱护

港口是众所周知的高危行业。多年来，我们牢牢把握住"以人为本"这一安全管理的精髓，将"五个平安"工作作为港口最薄弱、最敏感、最关键、最重要的工作抓紧抓实，将员工的生命安全放在高于一切、重于一切、决定一切的位置。

为了进一步提高港口安全工作管理水平，我们在征求基层意见、借鉴国外安全管理经验的基础上，为全体员工人人建立"五个平安"档案，这不仅是青岛港强化"五个平安"基层基础工作的有力举措，也开全国安全管理工作的先河。

"五个平安"档案内容丰富全面，其中包括员工个人简历、血型；技能、专业证书；出勤、纪律情况；平安培训情况；表彰奖励、良好表现；受处罚情况、违章违纪情况等等，全集团统一标准，统一格式，统一印发。按照"干什么写什么"、"写什么干什么"的要求，人人进行档案写实，使人人有记录、有历史、有记载，更有针对性地对每个人进行分析研究，以此为重要依据，逐一排查隐患，排查不放心人、不放心事，进一步加强防范，抓好预控。

档案建立起来是第一步，更重要的是如何让档案好使、好用，让"死"档案变成"活"机制，真正为港口的安全管理工作"保驾护航"。对此，我们大力推广积分制，制定标准，分值量化，积分累计，严格兑现。在档案使用上，表现好的要加分，违章违纪、出现问题要减分，减到一定程度，就要有个说法，这就好比驾车，扣满12分要吊销驾驶证一样，从而使"五个平安"档案管理真正变成了"活"机制。

在人最容易犯困的凌晨3时30分至4时，我们码头作业现场专门召开一场"不放心排查分析会"，就是给不放心人、不放心事提好醒，把不放心变成放心，让员工的"平安户口簿"变成安全的新起点。"平安户口簿"就是为我们每一名员工建立的"五个平安"个人档案表，记录员工的"安全生命"。我们就是要把每一名员工当成心头的焦点，不光排查安全，更要用亲情暖大家的心。

可以看出，有"以人为本"的安全管理理念，特别是有基层用"安全"为员工上"户口"的安全意识，我们"五个平安"个人档案越来越管用、好用，变成了青岛港安全工作的新起点，呵护着每一名青岛港员工的生命安全。

安全管理没有"下不为例"

安全管理关系到员工的生命安全,关系到企业的生死存亡,关系到国家的财产安全,抓好安全是企业的头等大事,没有下不为例。所以,决不能掉以轻心,决不能给自己"松绑。"

而且,市场经济越发达,工作难度越大,越要把安全抓好,这丝毫动摇不得。当领导的精力必须放到抓安全工作上,不能以为搞市场经济就是抓钱、抓物。谁在这个问题上认识错误,谁就必然在工作上造成失误。

我们领导干部最大的造福是什么?最大的造福是平安。"一心为民、造福员工"不光发奖金,更重要的是"平安是福"。因为人生最大的是平安,老老少少平平安安、太太平平,是最大的期盼。挣钱不是最大的福气,平安才是最大的福气。员工的人身安全是第一位的,员工的生命是最宝贵、最值钱的,我们无论如何都要保证员工的人身安全,确保家庭的安全,这是最大的问题。

在安全生产上没有老典型、老先进、老模范,有的只是"一票否决"。我们对自己要严管,自己知道"我是谁",是干什么的，应负什么责任，干到什么程度。我们在管理上不仅仅要对下属严格管理，而是首先对自己要严格管理，要有尺度、有标准。这一点看不清，就不会自我加压，就不会感到是给自己干的。

所以，在安全管理上，要克服自满自足、麻痹大意的思想，牢固树立警钟长鸣、严细实全的观念，时时刻刻战战兢兢、如履薄冰，万不可高枕无忧。安全质量永远是港口生产的主要矛盾，永远是第一位的工作、一把手应负的第一位的责任，是检验我们工作的第一位的标准，这是我们的首要任务。安全管理出现差错，造成的是终生遗憾，成为抹不去的污点。对待安全管理，在形势好的时候要看到问题和差距，形势不好的时候，更要坚韧不拔，不断反省工作中、管理中的漏洞，自觉地、主动地寻找薄弱环节，不断地加以改正。

我们很多问题的教训就在于搞"下不为例"，很多问题的处理就是从明天开始，而不是从今天开始，才造成了我们松松垮垮、拖拖沓沓。如果我们从上到下都树立起没有"下不为例"的思想、没有从明天开始，而是从现在开始，从今天开始，那么我们的管理、队伍素质提高得就会更快。我们对问题发现一起处理一起，就会使大家对遵纪守法、遵章守纪刻骨铭心，打下一个坚实的基础。

虽然我们说管理没有"下不为例"，但是我们可以把别人的教训当成自己的教训，把自己的教训更深刻地进行总结、提升，变成自己的财富、自己的资源。

【案例】

血浓于水

1999年7月的一天，集装箱公司一名工人在码头装卸场地走路时，装卸车司机不慎将其撞倒在车轮下。

得知这一情况，我心里特别难过，当时我在工人倒下的地方看了许久，一言不发。集装箱公司经理朱广太跟在我身后，几次想张口汇报，都被我摆手制止了。我自己就是从装卸工干起的，倒下的是我的弟兄啊！海港拼命发展生产，但发展的目的是为了让员工过上好日子。人都没了，还说什么发展造福？

一周后，我们召开干部大会，我在会上宣布局里的决定："撤消朱广太集装箱公司经理职务，只发基本工资。"我告诉大家："两种干部必须下台，一是出了安全问题，二是出了经济问题。"

宣布完决定，很多人为朱广太打抱不平。

"我觉得这是一起意外的交通事故，与朱广太没有关系，撤他的职不公平。""不该撤广太的职，应该处理肇事司机。"一个个干部站起来，为朱广太讲情。

我数了数，一共有12个人反对处理朱广太。大家都很讲哥们义气，可是我和朱广太，是十八九岁就在一起扛大包的！我心里其实比任何人都难受，但是员工的血不是水，港口把工人交给领导干部,是让领导干部带着他们往好日子上奔!这起事故给工人的家庭造成了多大的痛苦?!朱广太管理不严,出了事,我们没有任何情面可讲。就是要让大家汲取教训、引以为戒、加强管理。抓安全,决没有"下不为例"!

为此,我专门为讲情的12个人办了两天两夜的学习班,要求每个干部围绕"你是老百姓时,你心目中认可的领导干部是什么形象?"展开讨论,每个人写出报告上交,并让他们什么时候想通了再回去。同时我们很快出台文件,把安全与收入、生产量一起,列为对各级干部进行考核的三大硬性指标。

第五章
人才是第一资本

"人才是经济发展的财富之源,是真正意义上的第一资本"。企业与企业之间的竞争、地区与地区之间的竞争,甚至国与国之间的竞争,归根结底就是人才的竞争。谁拥有了人才,谁就拥有了竞争优势。

对国有企业更是如此。办好企业,关键在人。在国际竞争面前,我们首先感受到的是人才的匮乏;与此同时,市场经济要求包括人才资源在内的所有资源通过市场机制来配置,使国有企业人才竞争面临来自国内市场和国际市场的双重压力。这就要求我们不断地把企业自身打造成一个大熔炉、大学校,使广大员工在这里成长、成才,百炼成金,实现员工与企业的共同发展,全面进步。

第五章 人才是第一资本

成也在人　败也在人

一个国家、一个地区、一个企业、一个单位，说来说去还是人才的竞争、人心向背的竞争。企业兴衰，人才为本。有了人就有了一切，没有人就失去一切，谁拥有了人才，谁拥有了人心，谁就拥有了竞争优势。

人才是企业兴盛之基，发展之本。人才必须要有学习力。人类已进入知识经济时代，知识总量和信息总量是每2—3年就翻一番。企业间的竞争，既是人才的竞争，更是学习力的竞争。包括学习动力、学习能力和学习毅力的学习力是企业人才的核心竞争力。所以企业要发展，第一位的是拥有高素质的人才。对于企业而言，资金可以引进，技术可以引进，管理可以引进，而大批具有现代技能、高素质的劳动者，只有靠自己培养。谁能把人才优势转化为科技优势、产业优势，谁就拥有了先进生产力，谁就能够赢得市场的主动权。必须时时处处把提高人的素质，当成一个根本问题来抓，尊重人才、尊重知识，创造有知识光荣、有文化光荣的良好氛围。这是一个人、一个企业不断成长、进步的动力源泉，更是企业长盛不衰的最根本的条件。特别是中国的国有企业，不仅要出效益、出产品，为国家、为社会做出贡献；而且要为国家、为社会出人才、出文化。

发展造就人才，人才促进发展。虽然海还是这片海，人还是这些人，但今天的青岛港已经不可同日而语。也可以说，改革开放的30多年来，就是青岛港致力于摆脱贫困、摆脱落后、摆脱愚昧的30年。我们坚持以人为本，以实现人的全面发展为目标，始终如一地尊重人、培养人、依靠人、凝聚人，下最大力气创建学习型组织，鼓励员工争做知识型员工，把港口建成了一个培养人才的大熔炉、大学校，一个充满亲情、人气旺盛的大家庭。实践告诉我们，人才能够提升岗位的素质，岗位也能检验人才的水平。没有岗位，人才就无用武之地。没有人才，岗位的素质就得不到提升。人才能够脱颖而出，主要得益于企业的大发展，为他们提供了展示才华的舞台。正如当代中国产业工人的先进典型——青岛港的许振超那样，一代又一代青岛港人依靠知识改变了命运，依靠岗位成就了事业，从而为港口发展提供了源源不断的强大动力。

成功的企业，必然是能不断地聚集和持续造就高素质人才的企业。培育人才的结果，就企业而言，是生产力和竞争力的增强，就员工而言，是工作生活质量和人生满意程度的提高。对待人才，就是用宏大的事业凝聚人才，用合理的待遇奖励人才，用深厚的感情留住人才。

特别当今世界处在大发展大变革大调整时期，世界多极化、经济全球化深入发展。现代科学技术进步日新月异，知识创造、知识更新速度大大加快。我们要正确认识和处理发展与科技、人才与岗位的关系，以发展促进科技，以科技推动发展，以人才提升岗位，以岗位检验人才，努力形成谁勤奋学习、谁努力工作，谁就能获得发挥聪明才智的机会，就能成为企业有用之才的良好氛围。

因此，我们必须把人才战略上升到企业的发展战略，牢牢抓住21世纪知识和知识员工管理这个最大挑战，更加关注人的需求，更加重视和善于学习，更加善于挖掘人的潜能，引导和鼓励广大员工自觉地把自己的命运和企业的命运、国家的命运紧密联系在一起，自觉地掌握和运用一切科学的新思想、新知识、新经验，人人岗位成才，人人为企业贡献聪明才智，我们的企业和国家才能引领发展潮流，走在时代的前列。

【案例】

强化学习　人才强港

改革开放以前，即便是青岛港的大门向社会敞开，也没有人愿意迈进这个门槛。"脏、苦、累、险"的生产作业让装卸队招工更是"招不进、留不住"，只要性别为"男"，能出大力就行，"老搬"、"扛大个的"就是码头工人的"代名词"，大龄青年说不上媳妇的比比皆是。文化水平低、社会地位低、思想素质低、犯罪率高是那个年代码头工人的真实写照。

我感到，港口要发展，人才是关键。所以从1988年上任之后，就针对员工队伍的现状，不断地从思想上进行教育、引导、启迪，从业务技能上进行全面培训。同时坚持"只要肯学肯干，人人都可以成才"的人才观，"德才兼备"的育人观，"德为重、信得过、靠得住、能干事"的选人观，"以能力论英雄、谁干得好就叫谁干"的用人观，逐步使青岛港成为一个育人成才的大熔炉、大学校。员工队伍结构由过去77%的员工、12000多人只有初中以下学历，变为现在的以6000多名拥有各类专业技术职务职称的专业技术人员、7000多名高级技术工人为主体的高素质员工队伍。"精一专二会三"复合型人才达到800人，有16人被评为省、市首席技师和突出贡献技师，高技能人才占技术工人的80%。

30年来，全港干部员工用自强不息、跨越发展摘掉了落后的帽子，用"三个一代人"精神、"三大使命"引领了中国企业的发展、引领了世界港口的变革，用赤胆忠心、卓越贡献树起了国企典范这一光辉旗帜。2010年8月15日，中宣部、全总、国务院农民工工作办公室、人力资源和社会保障部、交通运输部、国务院国资委、青岛市委宣传部在北京人民大会堂联合举办农民工——新时期产业工人的生力军"青岛港经验"高层研讨会，推广青岛港农民工队伍建设管理经验，与会领导、专家一致评价青岛港给全国树立了一个典范！2011年5月17日，中宣部、全总、交通运输部、国务院国资委、山东省委宣传部、青岛市委宣传部六部委在北京人民大会堂联合举行"学习就是力量——青岛港学习型组织创建模式座谈会"。

如今随着青岛港的巨变，青岛港的门槛是一年比一年高，面向应届大学生的招聘只有"211"大学、硕士、博士学历的才有录取的机会，即使招聘一线的员工，拥有本科学历、英语八级的高素质人才也纷纷报名。甚至在农民工的招聘中，都出现了拥有本科学历、英语四级的农民兄弟。2011年中国农历春节的正月初九，青岛港到青岛市人力资源市场招80名装卸工，要求大专以上学历，结果现场报名的有六七百人，招来的80人，20多人有学士学位。让现场的其他单位羡慕不已，连人力资源市场的招聘人员都说，看青岛港招工场面火爆的，哪里还像有"用工荒"？

企业要把提高员工素质当成良心活

企业要发展壮大，归根结底要以人为本，要从人做起，所以我们要鼓励企业每一名员工都要有一种脱胎换骨的强烈愿望，奋发学习，努力工作，重塑自我。特别我们作为国有企业是联系国家命运、员工命运的纽带，不能把员工当做谋求企业利益的工具。这是我们不同于其他企业的地方，也是我们的压力所在。在国有企业，无论在哪个方面，都要顾全国家和员工的利益，不能随随便便让员工通过下岗来解决企业自身负担，我们必须另辟蹊径，就要想方设法让员工上岗，承担起现代化企业的管理职能。培养人是我们解决国有企业一切人的问题的关键所在，也是我们把资源变财富的重要一条。可以说，提高员工素质就是对国家负责，对民族负责。

许振超成长为全国产业工人的典型不是偶然的，是我们多年如一日对员工素质高度重视的结果。我们在集装箱、煤炭、纸浆等作业中创出的世界效率，我们的快速发展离不开每一名员工的成长成才。在为员工创造成才的广阔天地的同时，也为青岛港发展积聚了强大的发展动力和智力支持，企业的发展离不开员工的成长，这是相辅相成、互相促进的。

国有企业落实科学发展观必须要以人为本，提高素质是以人为本的一项根本性工作。是给员工一条鱼吃，还是教给员工捕鱼的本领，对这个问题的选择决定了我们以人为本工作的高下。为员工发发工资、发发奖金这些物质上的造福就是给员工的鱼，是短期行为，管得了员工一时，顾不上员工一世。培养人就是教给员工捕鱼的本领，让员工掌握了谋生的一技之长，是对员工前途、命运负责，是对员工长期负责，我们必须把培养人当成一项基本工作抓紧抓实。

没有文化的军队是愚蠢的军队，不重视教育的领导是愚蠢的领导。要把学习培训工作抓好，关键是领导干部首先要痛下决心，切实认识到不学习不行、学习不抓不行，不能因为员工素质是个软性的指标就忽视、轻视，不以为然。特别是抓员工素质对领导干部来说是个良心活。尽管在一时、在一件事上可能体现不出来，但却决定着国有企业的长期发展和关键历史时期的成败、走向。员工素质也不是嘴上喊喊、本上写写、卷上考考就能提高上去的，是项日积月累、方方面面的工作。我们必须要本着对国家负责、对国有企业负责、对员工负责的态度抓好这项工作。把抓员工素质，和生产任务、安全质量等工作一样，作为领导干部的基本工作。把学习培训作为发现问题、解决问题、培养人的过程，带头以给自己学、给自己抓的决心坚定不移打好学习培训持久战。同时，要彻底解决为学而学的问题，让每名学员都能感到学到的知识能在工作中派上用场、发挥作用，真正调动起"我要学"的积极性。

员工素质的高低不仅体现在干事能力上，更体现在干事的主动性和创造性上。也就是说，提高素质不单是让员工技能有所提高，更为重要的是员工思想的提高。在大体技能、方法相同的情况下，起关键作用的往往是人的主观意识，人的境界高低决定了能力的高下、做事的高下。提高员工的思想素质是提高技能素质的前提，也是关键，所以我们提高队伍素质不仅要靠管，更要靠带。队伍不是管出来的，是带出来的。管是个被动词，靠的是制度，只能管眼皮子底下的；带是个主动词，带出的是员工的自觉性和积极性，无论在什么时候都起作用。军队上了战场，士兵之所以在枪林弹雨面前能冲锋陷阵、视死如归，不仅仅是单纯的组织纪律在起作用，更多的是平时军队正确的思想导向和严格氛围，把制度、纪律这些条条框框的东西变成了军队上上下下的自觉行动和骨子里的强烈意识。这就是提高素质的根本所在。有了这个本，员工才有提高素质的迫切愿望和动力。这要求我们领导干部首先要把传、帮、带的工作做好。传，就是要把国有企业的传统和优势传给员工，变成我们共同的财富；帮，不是管，而是发自真心地引导，在员工思想混沌时、在误入歧途时，我们能够及时地、正确地引导，拉回正确的人生轨道；带，不是行使管人的权力，而是施展领导个人的魅力，身体力行、以身作则说说简单，可要每时每刻都做好，是项持之以恒的工作，更是对领导本人最大的考验。

【案例】

之一：不惜重金育人才

世界第七大港口、中国企业500强、青岛市纳税大户……在这些头衔之下，青岛港始建于上世纪70年代的9层办公楼不免有些寒酸。外人甚至这么想我，不盖豪华办公楼，不投资房地产，如此"抠"的老总会把钱用在哪儿？

事实是，我们投资4亿多元在胶南建起青岛港湾职业技术学院，为社会培养专业技术人才；每年拿出占工资总额2%的1000多万元作为员工培训教育经费，连续23年组织员工脱产大培训和考工晋级，为每位青年员工制订成长计划，形成多层次全员教育格局。改变由此而生，"振超效率"、"万年速装"、"树双技术室"等580多个员工品牌和1800多个绝活儿不断涌现。这里，对员工创新的鼓励蔚然成风，甚至食堂做饭的女员工都可推出自己的品牌"美琴大饼"。

在重金造岗中，我们对农民工队伍的培养异常重视。我认为谁看不起农民工，就是看不起俺爹俺娘！所以不同于其他企业，农民工入港后第一件事不是干活儿，而是上课，特别是上安全课。农民工上岗前首先接受公司、队、班的三级安全教育，年年组织农民工参加全集团为期三天的全员安全脱产大培训。投入上千万元，组建了9个专业化实训基地，年年组织农民工进行技能培训，参加集团、公司的技术大比武和基层队的技能竞赛。专门为技术拔尖的农民工设置工作室，配备笔记本电脑等设备设施，安排外出进修，全面提升技能水平。我们不仅通过多种方式全面提升其技能，同时还专门出台相应规定，让人人都能评职称。专门出台了面向农民工在内的"一个激励机制"、加强"三支队伍"（知识分子、技术工人、农民工）建设与管理的"三个决定"以及实施细则。让学习工作成绩突出的农民工晋升技术等级，特别是实施了装卸工人评职称的长效机制，使农民工也能像知识分子一样评职称，开创了全国企业的先河。

我们坚持在港口只要做出贡献的，都能名利双全，给予物质、精神的双重激励，让农民工和城市员工一样披红戴花，登台领奖。近年来在国家省市部组织的各类技能竞赛中20多名农民工取得了名次。

之二：打造学习型港口

从20世纪80年代开始，人类社会开始进入到以知识产业为核心的知识经济时代，其主要标志是信息、教育和知识正在成为支撑经济发展的新的资源，智力型和脑力型的劳动者正在构成财富创造者的主体，生产工具和劳动对象的知识、科技含量大幅增加，知识资本越来越成为新的资本增值点和最重要的、独立的分配要素，文化知识的消费占有越来越重要的地位。因此，与时俱进的青岛港只有全力打造学习型港口，培育知识型员工，才能适应新时代生存发展的需要。

在发展历程中，我们始终致力于学习型港口和学习型员工的打造。总体来讲，经历了五个阶段：

一是第一届技术操作比武和首届科技大会的召开，以及向科技人员倾斜的一系列机制，为青岛港的发展奠定了学习型的良好开局。技术大比武的举行，极大调动起了广大码头工人学技术、学业务的积极性。尤其是"两个倾斜"政策的出台，让码头工人开始拿起学习的武器，摘掉落后、愚昧的帽子，开始主动地学文化、学业务。从此开始，传统的码头工人形象开始彻底改变。

二是学政治、学业务、学技术、学文化、学实践"五学"的提出及实践，让全港员工都行动起来，营造了浓厚的学习型的氛围。学习的形式和载体也空前多样化，学习的效果更是喜人。"学政治"的主题思想教育；"学业务"的操作技术大比武；"学技术"的考工晋级、专业技术培训；"学文化"的高端讲座、学历教育；"学实践"的现实教育、现场办公等等，都极大丰富了青岛港的学习手段，强化了学习效果，一个现代的学习型港口呼之欲出。

在这样的浓厚氛围中，各级领导干部的带头学习，成了十分重要的影响因素。对此我们这样要求集团的领导干部们：青岛港的干部队伍是在特殊的历史背景下成长起来的，受计划经济影响，还存在许多不足。这一点，和社会上的单位完全不一样。在青岛港，只要愿意干、好好干、尽职尽责地干，我们政治上就受到信任、工作上受到重用、经济上得到很多实惠。我们的许多干部都是从装卸工人、技术工人等各个岗位上选拔出来的，从最基层、最基础的岗位上选拔出来的，我们有长处，但也有短处，不能只提长处，还要看到短处。我们在学历、实践、人生阅历等方面还存在着许多先天不足，制约了我们向更高层次、更高境界去提升、去发展。所以，当前我们就要从根本上提升大家的精神境界，与现代化的管理、现代化的企业制度相适应，使大家成为青岛港发展道路上志同道合的终生伙伴。不单纯学书本，而且要学实践。我们的工作很忙，怎样从琐碎的事务中很好地总结经验和教训，是很重要的一点。经验诚可贵，教训价更高。经验和教训是指导今后工作的最鲜活的教材，最好的学习机遇。如果大家都能经常地总结经验和教训，保持一个清醒的头脑，那么我们的工作水平、政治素质、业务素质就会提升得更快。

三是"创建学习型组织，争做知识型员工"活动的深入开展，尤其是"学振超精神，创一流业绩"活动的开展，把学习型港口的建设继续推向深入。许振超成为全国产业工人的杰出代表，"振超精神"成为时代强音之后，我们又抓住机遇，广泛深入开展了学习许振超活动，岗位学习，岗位成才，人人练绝活，人人提素质，"知识改变命运，岗位成就事业"成了全港上下的自觉行动。2004年10月17日，全国九部委联合在青岛港召开"创争"活动现场会，隆重为青岛港"全国创争活动示范单位"揭牌。10月20日，青岛港马上召开建设高标准"创争"示范单位动员大会，继续加大力度，坚持学习政治与学习业务相结合，单位培训与个人自学相结合，高标准、高起点地开展好"创争"工作，再上新档次。

四是站在长盛不衰的战略高度，我们提出弘扬学习、研究、创新、造福"四大风尚"，实现提高素质、提高质量、提高效率"三大提高"，真正形成了学习型的风尚。在2006年6月14日青岛港推进创新发展工作会议上，我们明确了"长盛不衰的战略选择"这一重要命题。长盛不衰的战略选择，就是要做到"三个提高"，大兴"四大风尚"。学习的风尚位居第一：要做到与时俱进，重要的武器是学习。要深入开展好学习型组织和知识型员工的创建工作，把学习的风气搞得更浓。要从加大学习和培训的力度入手，把各种新式武器都教给我们的员工，让他们能够掌握好改造主观世界、客观世界的本领。这样我们的发展就能更快，就能少走很多弯路，就可以站在巨人的肩膀上，站在社会财富的起点上，加快青岛港的发展。

五是打响学习培训持久战。坚持"干什么、学什么，缺什么、补什么，练什么、精什么"，打好学习持久战，使港口成为名副其实的大熔炉、大学校，构建起了"集团有中心、公司有基地、科队有阵地、小组有园地"的四级学习平台。年年投入近亿元巨资，全港140多个专业2万多人全员学、岗位学、脱产学。年年自己动手编写上亿字的各类专业教材，让文武双全、真才实学的知识分子、工人专家与农民工走上讲台，兵教官、官教兵，进行互动教学与研讨式学习，全面提升素质。2009年开始，与大连海事大学联合举办集团领导干部每期3个月的高级研修班，学习党的重要理论、企业管理等六大模块40多门课程。大连海事大学校长王祖温高度评价像青岛港这样高密度、高强度、高成效的培训,前所未闻、全国罕见。2011年我们又耗资3000多万元开展了六期每期10天的"千人大培训",拿出近200万元奖励在学习中涌现出来的优秀学员、优秀教师。同时坚持"请进来、走去出",先后选派2700多人次到国内外先进港口学习考察,选拔1800多人次到高等院校强化培训,邀请280多位院士、专家来港举办各类高端讲座。

岗位学习　人人都可以成才

随着社会的发展，很多企业都完成了由劳动力密集型向技术密集型的转变。这个转变告诉我们：要代表先进的生产力必须靠科学技术和先进本领。同时，作为国有企业，我们也面临着巨大的困难和挑战，同样需要靠科学技术和先进的本领，同样需要大量的人才。

只有始终坚持正确的人才观，正确地使用人才，才能提升企业的整体素质。我们的各项具体工作，既可检验我们人才的水平，又能促进人才的进步。

什么叫人才？过去提人才，人们想到的是科学家、博士、高级工程师，很多人可能认为成为人才对自己是非常遥远的事情。但是我认为，在企业，凡是能解决发展问题的，作出贡献的，都是人才。有较高知识水平、创新能力的拔尖员工是人才，有丰富实践经验和一技之长的一线员工也是人才。不论是脑力劳动还是体力劳动，不论是简单劳动还是复杂劳动，只要在企业发展中有贡献、有作为就是人才。

所以我们要在员工中树立成才的自信心。自信就是相信自己能够做到，世界上从来没有什么高不可攀的事情，就在于敢不敢去想,敢不敢去做。岗位成才,关键是以什么样的姿态、什么样的思想来对待工作,对待自己的岗位。爱岗敬业,这是最大的美德,鼓励员工把事业、把岗位作为人生的追求。

人与人之间是平等的,没有高低贵贱之分。我们还应该为那些学历低,但是吃苦能干、有管理经验的人鸣不平。他们不是不想学,而是过去受条件限制没有机会上学,许振超就是没有进大学殿堂,但是他可以变成能工巧匠。所以我们应该对包括农民工在内的全体员工一视同仁,给员工们创造同一个起跑线,让员工到了企业人人树立起一种脱胎换骨的强烈愿望,人人都有机会学习,人人都能岗位成才,更好地适应现代化的管理和生产需要。

什么叫水平?学历不是水平,年龄不是水平,解决问题的能力才叫水平,办事的能力才叫水平。在水平面前没有什么先决条件,没有年龄条件,没有文化条件,没有其他条件,标准就是办事、解决问题的能力,能把事办好了就说明行。很简单,就是看能不能解决本单位的实际问题,能解决本单位的实际问题,说明领导水平高。能实现本单位工作又好又快地发展,就叫有本事。所以,职称和学历只是一个方面,不能代表员工全部的工作能力和工作水平。但是,在实际工作中就很容易忽视这个关系,往往把学历、职称作为衡量人才的标准。现在为什么人才匮乏,并不是我们缺乏人才,而是我们视野太窄,看不到人才。特别是作为领导干部,如果我们不能识别人、选拔人、教育人,那么影响的将不是一个人的问题,而是一个单位的问题、历史的问题。

所以我们青岛港有着与别的企业不同的人才观，就是在青岛港人人都可以成才，谁能干就让谁干，谁干出成绩就肯定谁。不唯学历、不唯职称、不唯资历、不唯身份、不唯年龄，即"五不唯"，唯才是举、唯才是用。树立"学习改变命运、岗位成就事业"的学习观，坚持让企业的每一名员工，无论是种地的、扛包的，还是院校的、军营的，凡是到了企业只要好好干、愿意干，就给他们平台，让大家人人都大有作为，人人都能成才。

【案例】

青岛港的人才观

一是"人人都可以成才"的观念，打破"人才"二字的神秘感，激励员工敢于成才。二十多年前，青岛港16000名员工中，77%以上的人只有初中以下文化水平，很多员工认为人才对自己来讲非常遥远，自己不可能成为人才。但我认为，在青岛港，凡是能为港口发展解决问题、做出贡献的，都是港口需要的人才，鼓励员工只要努力学习，"低学历可以掌握高技能，低层次可以干出高水平"，增强了员工成才的信心和愿望。二十多年来，我们不仅努力培养年轻员工成才，而且对学历低、年龄大的"40、45"员工，也没有嫌弃，没有当成包袱，没有撒手不管推向社会，不仅保证人人有岗位，而且加大投入，培育成才。他们有很多装卸工人，只有初中学历,多年来他们勤学苦练,成为每年都有科技成果的工程师。现在港口每个行业、专业和工种都涌现出数名乃至数十名领军人物,造就了数以万计的"五好岗位"员工、数以千计的练就一身"绝活儿"的专门人才和一大批拔尖创新人才。

二是"发展造就人才"的观念,实现港口发展与人才培养的良性互动。本着专业对口、人尽其才、才尽其用的原则,积极把经营人才放到市场上去进行锻炼,培养开拓能力;把专业技术人才放到技术一线、科技一线进行锻炼,培养创新创造能力,实现了发展与人才开发的良性互动。市级专业技术拔尖人才郭志渝,在港口集装箱事业的发展和建设世界最大的40万吨矿石码头等多项工程中,发挥了突出的作用,近年来在港口信息事业中,他又带领技术人员先后完成了近百个技术攻关和创新项目,多项获省、市、交通部科技成果奖和管理成果奖,并被授予市级劳动模范和享受政府特殊津贴的人员。

三是"人才提升岗位、岗位检验人才"的观念,激发员工立足岗位成才。实践是检验真理的标准,只有在岗位上创出了业绩才能称为人才,没有业绩学历再高也不能算作人才。我们引导员工树立"小岗位可以成就大事业"的观念,认为对于国家来讲,研制原子弹、人造卫星是发明创造,而对于港口来讲,研制装卸工属具也是发明创造。凡是能够解决港口生产实际问题的发明创造,不论成果大小,都应当得到尊重和奖励。鼓励员工立足本职,岗位成才,涌现出了一大批行业专家、拔尖人才。青岛港有一名技术工人，多年来一直潜心钻研工属具的研制和革新，先后研制了"矿石防漏抓斗"、"半自动钢坯卡具"等100多项装卸工属具，不仅解决了装卸生产中的安全质量问题，而且每年创造几百万元的直接效益，并已有10项成果获得国家专利。

四是"工作学习化、学习工作化"的观念，使"工作学习化、学习工作化"贯穿在生产中，体现在岗位上，保持员工素质与时俱进。随着科学技术的日益进步，港口作业已由过去的手搬肩扛，发展成为机械化、自动化、流程化作业，由劳动密集型转变成为技术密集型。如我们使用的集装箱桥吊，已由第一代更新发展为第六代，由原来的模拟技术升级为数字智能技术，一台桥吊包含了计算机、智能控制、电力拖动等六七门专业知识，但我们的员工在干中学、学中干，不仅全面掌握了各方面的知识，而且练就了"无声响操作"、"一钩准"等一大批绝活，并8次刷新了集装箱装卸效率世界纪录。许振超所在的"冠军"团队——桥吊队提倡的是"经验互补、资源共享"，技术骨干自己编写了"土教材"，为年轻司机尽快成才提供了便利。他们还利用每天班前、班后1小时，谈工作体会和学习心得，互相点评，互相启发，每名员工"每日有计划，每事有反思，每晚有总结，每天有进步"，把学到的知识应用在技术革新和技术改造上，每年为公司节约资金800多万元。

为员工量身打造成才通道

成功的企业,必然是能不断地聚集和持续造就高素质人才的企业。培育人才的结果,就企业而言,是生产力和竞争力的增强,就员工而言,是工作生活质量和人生满意程度的提高。

特别在当前全球转变经济发展方式的大形势下,很多企业发展正处在深刻的转型期,正逐步由"劳动力密集型"转为"技术密集型",由"汗水经济"转为"智慧经济",员工队伍结构也发生了根本性的变化,很多员工已经成为有知识、有学历、有技能的知识员工,具有"两高两强"四个鲜明的特点:一是具有较高的个人素质;二是能够创造较高价值;三是具有很强的自主意识和可塑性;四是具有强烈的自我价值实现愿望。新时期知识员工掌握了一定的知识、技能,知识员工对自身的工作素质、专业能力更为看重,我们必须将心比心、换位思考、因材施教、因地制宜,通过教育、分配和用人三大机制来成就人才,让广大员工能够提升素质、增长才干、得到成长。因此,加强知识和知识员工管理的重大课题亟待破解。

首先我们要为员工努力创造学习的机会,学习就是力量。不学习人就寸步难行,无法生存。当前,社会进步日新月异,知识更新一日千里,新情况、新问题、新矛盾也不断涌现,这就要求我们必须更加重视学习、善于学习,把学习当成持久战来打,坚持给员工创造学政治、学业务、学技术、学文化、学实践的机会,让员工能够干什么、学什么;缺什么、补什么;练什么、精什么,使员工不但具有扎实的理论知识、较高的专业水平和丰富的实践经验,还能创造性地解决重大实际问题,让他们成为技术创新、技术攻关的主体。同时要鼓励员工岗位成才、自学成才、早成才、多成才。加强对员工的在职培训教育,鼓励员工积极参加各类培训和函授。还要制定人才培养规划,把人才培养列入企业建设的长远目标,不仅要培养高科技人才,还要大力培养普通技术人才,使企业的人才结构科学合理,确保企业的全面发展。此外,还要大力开展技能练兵,培养和挖掘一大批有理想、肯钻研、能吃苦、有前途的人才。

　　特别是知识员工更加渴望得到尊重,渴望能有创新创造的舞台,渴望能够得到成长,渴望能有精神与物质的激励,渴望能创造成就,实现自己的人生价值。所以人格上得到尊重、个性上得到关怀,也是知识员工最为关键的需求之一,我们应当千方百计为员工搭建展示才华的舞台,量身打造多元化职业生涯发展通道,畅通人员流动通道,让人人获得平等发展的机会,人人有用武之地。强化成就激励,以前中国有句俗话叫"人怕出名猪怕壮",现在必须颠倒过来,要鼓励员工个个都要"人要出名",人人都能名利双全。就是要坚持高风险需要高技能,高贡献要有高激励,打造公平公正的有序环境,无论是物质文明还是精神文明,无论是自然科学还是社会科学,有成果就有奖励。并且把物质激励与精神激励相结合,利益与风险、技能贡献相统一作为分配原则,这样才能激发员工干事创业的积极性。特别是还要尊重员工的个性需要,让大家能充分展示聪明才智,能文的文、能武的武,能干好的就创造条件,谁能干就让谁干,谁能干得好就让谁干,这才是对员工最大的爱护、最大的关心,这样员工才能与企业真正成为利益共同体、事业共同体和命运共同体,成为企业发展的骨干,提高生产力和经济效益的中坚力量,为企业持续发展注入强大的内生动力。

【案例】

人才辈出

正是因为我们坚持了符合港口实际的人才观,始终坚持为员工量身打造成才渠道,让广大员工人人有干头、有奔头,人人都能成才,都能实现自己的人生价值。

码头工人许振超成为新时期全国产业工人的杰出代表。我们的桥吊队队长许振超,是一名基层的产业工人,原来只有初中文化。我们育人成才的浓厚氛围让他认识到"一个人可以没有文凭,却不能没有知识;可以不进大学殿堂,却不能不学习。"他立志"当不了科学家，也要争当一名优秀工人。"他从事港口一线装卸作业 30 多年，在平凡的岗位上做出了不平凡的业绩，带领桥吊队连续 8 次创造出世界领先的装卸效率。

2003 年 4 月 27 日，许振超和他的工友们创出了每小时单机效率 70.3 自然箱和单船效率 339 自然箱的好成绩，第一次打破了世界纪录。随后，我们专门召开大会，为"振超效率"授牌。世界第一效率用一名码头工人的名字命名，这也是我们的一大创举。之所以这样做，有两个原因。一是我们任何时候都坚持以人为本，尤其是在青岛港转型到内涵式增长的时候，更需要以人为本；二是我们需要这样争当世界第一的精神。正是基于这两点，"振超效率"成为青岛港第一个以员工名字命名的品牌。但就是这名码头工人，从青岛港这片广阔的舞台上，走进了全世界人们的视线，成了全国家喻户晓的新时期产业工人的杰出代表。

许振超作为一名只有初中文化程度的普通码头工人，在青岛港这所培养人、教育人的大学校、大熔炉中，他凭着勤奋好学、勇于创新的坚韧意志和刻苦钻研、艰苦奋斗的拼搏精神，在平凡的工作岗位上苦练技能，攻克一道又一道技术难关，先后掌握了高压变配电、电力拖动、计算机、数字控制技术、网络通信等多学科的专业知识，创造了一系列大型机械维修、装卸工艺流程领域的成功经验，完成技术革新百余项，从一名普通的门机司机逐步锻炼成为全国一流的港口桥吊技术能手。他练就了"一钩准"、"无声响操作"等绝活。

在担任集装箱桥吊队队长时，主持编写了国内第一本港口桥吊作业手册，被众多专业院校列为教材。他在关系港口发展的集装箱"西移"的关键时刻，临危受命担任桥吊安装总指挥，40天顶着严寒靠在现场，历尽艰辛，不负众望地完成任务。他带领他的团队，如今已经先后8次刷新世界集装箱装卸的最高纪录。

农民工徐万年成为"县级"领导。徐万年是地道的农民工，到青岛港前，他凭着一股子闯劲，四处打工，钱没挣着，却经历了很多的磨难。1990年来到青岛港后，他得到了尊重，感到了尊严，所以他说他始终有使不完的劲。他总是比别人多一点、快一点，苦活、累活、脏活抢着干。他当装卸班长时，带领全班创出17分14秒安全优质装完一节火车的全国海区纪录；他干副队长时，培育了"啤酒装船亿瓶不碎"的服务品牌；他任公司副经理，年平均每秒吞吐0.3吨货物，用一个码头干出10个码头的活……

徐万年感慨地说："我是在青岛港入的党，一个农民工在一个大型国有企业入党，的确很少见。""青岛港有这样人性化的管理机制，自己想不进步都难。""不是100分就是0分"，这是徐万年的原则。因工作出色，1996年，徐万年担任了班长。2005年，我们又提拔他为装卸队副队长。2007年，我们又任命他为西港分公司副经理。徐万年却感到，自己只有初中文化，光凭硬拼是干不好工作的。他说："许振超是我的榜样，只有不间断学习、总结和创新，才能干好工作。"徐万年运用他自己总结的科学合理的方法，管理着一个散杂货码头的安全生产，多次创出世界纪录、全海区纪录。工友们能如数家珍般说出他创新的近20个工作法和10多个啤酒装船操作工艺法，而最让人津津乐道的则是"叉缆顺靠"、"并垛堆码"、"钟摆式作业"等工作法。

2005年以来，徐万年成为青岛港第一批合同制工人、妻子成为青岛港大港公司的一名员工、儿子到青岛市北区体校读书。2008年5月27日，徐万年领到了青岛市居民户口簿，全家正式落户青岛。2008年10月份，按照中宣部的部署，人民日报、新华社、光明日报、经济日报、中央人民广播电台、中央电视台等13家中央媒体记者一起云集青岛港，采访报道徐万年，在全国引起了强烈反响。

2009年元旦，中共中央政治局常委、国务院总理温家宝在省委书记姜异康、省长姜大明等陪同下，到我们这看望慰问节日里坚守岗位的码头工人，亲切接见了徐万年等优秀农民工，并与他们共进晚餐，欢度新年。在共进晚餐时，温总理与农民工兄弟边吃边聊，鼓励大家面对当前的经济困难，要团结一致，同舟共济，众志成城，共渡难关。温总理还亲切而幽默对徐万年说："和副县级的农民工同吃晚饭，我很高兴！"

2009年，徐万年成为了我们西港公司的党委书记。2010年，随着青岛港集团与招商局集团将合作领域扩大到散杂货，徐万年又成为合资公司的党委书记。同年，他还被授予全国"五一"劳动奖章。

农民工皮进军成为全国典型。皮进军1991年来到青岛港，他仍然记得进港第一天我跟他们说的话："大家都是从农村来的，我的父辈也是从农村走过来的，一开始他们到城市也是被人看不起，如果老的那一代顶不过去，仍然回到农村去，我和大家不也是一样吗？不要怕风言风语，关键是我们自己要自尊自强。就是要看到，别人能干的，我们也能干；别人干不了的，我们还能干；别人干好了的，我们比别人干得更好。你们的父母、老区把你们送到青岛来，对你们抱有很大期望。你们要为父母争气！要为老区人民争气！"这是我掏心窝子的话，这些话也深深影响了皮进军，成为他的动力，也让皮进军感到，其实干活不仅仅是为了挣钱。

经过一个月的入港培训后，皮进军被分配到煤炭码头从事煤炭装卸作业。10多年下来，皮进军共提出各种合理化建议400多条，有100多条被队里采纳，大家都叫他"点子大王"。2006年，皮进军成为大港公司装卸二队的副队长。2006年5月17日0时40分，皮进军和他的团队创出了单舱每小时卸率1150吨，每小时综合卸率2278吨的纸浆装卸世界纪录。随后，又连续3次刷新。皮进军成为青岛港第一个以农民工命名的员工品牌，第一批入党的农民工，第一个创造世界装卸纪录的农民工，皮进军创造了三个青岛港农民工第一。2007年春节，皮进军代表全市百万农民工参加了全国首届农民工春晚，为青岛市领导现场颁发了"最受农民工欢迎城市"奖杯。4月初，他的妻子也来到了大港公司食堂工作。4月28日，皮进军从时任山东省委常委、青岛市委书记阎启俊手中领到了红彤彤的青岛市户口本。这一天，他们一家三口正式成为青岛市民。5月中旬,皮进军荣获由团中央等13个部委联合表彰的全国第五届"十大杰出进城务工青年"称号。并作为中宣部确定的重大典型被央视《新闻联播》、人民日报、新华社、光明日报等中央媒体广为宣传。此外,他还荣获全国十大"学习型班组标兵"和全国"五一"劳动奖章,连续五年获集团"优秀农民工",并荣获青岛市第二届"十佳"外来务工青年和山东省第三届"十大杰出进城创业青年"等称号。

第六章
创新兴　企业兴

　　创新是人类不断突破现有消极的、阻碍人类社会发展的思想束缚、不断向上飞跃发展的过程。创新是企业发展进步的灵魂和支柱，它决定企业是领军者还是跟随者。

　　成功的创新，应当是在继承中的创新，有没有继承创新的能力，能不能进行继承创新，是当今世界范围内经济竞争和科技竞争的重要因素。继承创新是一个问题的两个方面，两者相互依存、对立统一，都是我们发展不可或缺的一部分。继承不是原原本本、照搬照抄，要加以取舍；创新也不是全盘否定，而是对合理内容的发扬光大。

　　特别是对于国有企业而言，有很多传统的优势，这些优势是国有企业的生命，是不能丢掉的。但是，国有企业也存在很多劣势，这就需要我们进行创新，在创新中求生存、求发展。继承创新不是摆花架子、说新名词，要符合实际，通过实践来检验。因此能不能提高人的精神状态、能不能提高劳动生产率、能不能解决实际问题、能不能推动事业的发展是我们检验继承创新效果的试金石。

继承创新是企业的唯一出路

继承即取舍，创新即扬弃。所谓继承也就是指对原有事物中合理部分的接续，是否定中的肯定，克服中的保留，不是照搬照抄，而是加以合理的取舍。所谓创新也就是旧事物向新事物的转变，是"旧质"向"新质"的飞跃，不是离开传统另搞一套，而是对原有事物合理部分的发扬光大。

只创新不继承，认为以前的经验和传统已经完全过时，所以不用继承；或者只继承不创新，认为继承就是"原封不动"，完全照搬老经验，对新观念、新事物、新办法不愿接受和尝试，这两者都是极端的表现。在实践过程中，任何对原有事物只继承不创新的，最终必定是原有事物的难以为继；而任何完全抛开传统搞创新的，也必定是以失败告终。所以两者之间是内在的既对立又统一的辩证关系。没有"不变"，没有继承，发展就失去了基础；没有"变"，没有创新，发展就失去了活力。它们相互依存、相互影响、相互作用、相互渗透，并在一定的条件下相互转化。表现为继承—创新—再继承———再创新的循环往复。继承与创新是一个问题的两个方面，继承是创新的基础，创新是继承的发展，两者紧密联系，既对立又统一。所以，我们一切创新不是从头再来，而是在过去发展基础上进一步加强，缺什么补什么，什么薄弱加强什么。

也就是说，我们在不变中要有变，就是要与时俱进。我们当前首要的一条是不要把我们这几年实践已经证明有效，而且能够当饭吃的措施扔掉，要充分发挥我们的优势，把我们的传家宝传下去，就是我们共产党人的本色不变，国企的定位不变，"三大使命"不变，"三个一代人"的精神不变。但是我们不能墨守成规、固步自封。我们光是苦干、实干还不够，要加上巧干，有了不变的底气和标准，我们的思维方式、工作方法、领导艺术就要变，不能以老眼光来看待当前的发展事物，来管理我们的工作。特别是在科技发展一日千里的今天，只有把我们的实干精神和港口科技发展的最新成果和最新技术结合起来，努力提高港口生产建设中的科技含量，我们才能在未来的发展中立于不败之地。

国有企业作为国民经济的重要支柱，继承创新不仅是决定企业自身生存和发展的关键，更成为实现经济社会发展的重要推动力。上世纪80年代末，针对机械设备落后、缺少资金和技术的现状，我们依靠自主创新，集中全局的人力、财力、物力大打技改攻坚战，以短、平、快的方式把青岛港老码头改造成为集装箱专用码头，使集装箱生产迅速形成规模。在一次次关系到港口前途和命运的历史性的转折中，我们依靠思想、生产、市场等方面的"八大创新"，拓展出了发展的一片新天地。这让我们深刻体会到，在市场经济的大潮中，国有企业要发展首先要靠自己，只有坚持继承创新，不断解放思想，破除条条框框，年年都有新思路，事事都有新举措，才能变劣势为优势，转被动为主动，化危机为机遇。

当前加快向创新型港口迈进，既是转变经济发展方式的内在要求，又是增强综合竞争力和破解发展难题的有效途径。现代经济发展方式实际上是创新经济、开放经济、绿色经济的交集。目前中国已经从加速发展进入加速转型期，全面转型将是发展的关键，重点就是要从"要素驱动"向"创新驱动"转变。对于我们来说，创新不是要不要的问题，而是不创新不行、慢了不行，关系到企业兴衰成败的问题。只有创新、只有不断的创新企业才有出路，才能赢得发展的主动。我们应当更加深刻理解胡锦涛总书记"始终把自主创新作为企业的生命。企业只有具有比较强的自主创新能力，才能在激烈的市场竞争中立于不败之地"的要求，坚持创新永无止境，把创新作为企业不竭的生命力，对继承创新更加主动地、自觉地去认识，更加主动、自觉地去事先做好，带领我们的企业始终在竞争中保持一个超前和领先的地位。

【案例】

之一：变不可能为可能

1988年，国家圈定上海、天津、广州、大连港为中国四大集装箱枢纽港。当时我闻讯后立即进京，向领导恳请："能不能给青岛港也画上个圈。"对方无奈地摇头："部里的意见是有根据的呀。"

出门后，我一路无语。我清楚，青岛港这个百年老港，口大肚子小，经济腹地小，铁路运力严重不足，码头年久失修，又不靠近国际主航道，怎么能进入枢纽港呢？

回青岛后，我们就带着一班人开始了南上北下地调研。不久，我们在全港大会上统一思想：小平同志说得好，一个党，一个国家，一个民族，如果一切从本本出发，思想僵化，迷信盛行，那他就不能前进，他的生机也就停止了，就要亡党，亡国！现在要提倡一种方法，就是要每一个生产队，每一个工厂，每一个学校，具体地解决自己的实际问题。具体到青岛港，就是要坚持党的基本路线，一切从实际出发，把青岛港自己的事情办好。我们认为，青岛港完全有希望成为中国的集装箱枢纽港。我们就是要用实际行动为青岛港画上这个大大的圈！

青岛港的集装箱事业从此艰难起步。20多年来，我们勒紧裤腰带，自筹资金改造老码头、抢先国际大中转、实施外贸集装箱西移、与世界顶级船公司合资合作，走出了一条独特的集装箱发展之路。10年后，青岛港的集装箱列中国北方港口第一、中国第三；20年多后，青岛港成为世界第七大港、集装箱世界第八大港。

2001年，青岛港老港区以80万标准箱的通过能力创造了当年完成264万标准箱的奇迹，集装箱已成为青岛港最具竞争力的支柱货种。按照年均递增30%的速度测算，2002

年青岛港的集装箱吞吐量将超过300万标准箱，2005年吞吐量将直逼700万标准箱，而老港区吞吐能力已远远不能适应这一发展要求。同时，前湾港区新建成的大型集装箱装卸运输设备业已形成规模，蓄势待发。我们意识到：如果不西移，老港区泊位少、航道窄、堆场小，集装箱发展没有空间，就不能适应未来船舶大型化发展的要求。集装箱西移，已是刻不容缓。面对巨大的困难、风险和压力，我们还是毅然决策，顶风冒险，挥师西移，因为不西移，青岛港就没有出路。

世界航运史表明，整体移港有两个结果，一种是使一个港口兴盛，另一种是造成港口的衰落。由于青黄两地地理位置的特殊性，以及要打破长期形成的固有运作网络，西移的阻力和难度非常大，稍有不慎，损失重大。其实集装箱西移战略也是青岛港整个西移战略的关键所在，它的成功与否不仅关系到青岛港在未来几年内能否成为北方国际航运中心，甚至关系到青岛市在新世纪的发展前景。

许多船公司预测，按照正常规律，青岛港外贸集装箱西移起码要在2003年甚至2004年才能完成。但我们在分析研究了集装箱西移的主客观条件的基础上，决定打破常规分4个阶段，在2002年底以前，完成所有外贸集装箱由胶州湾东岸的老港区向胶州湾西岸的新港区转移，在激烈的市场竞争中抢占发展先机。为此，我们先后主持召开了12次现场办公会，明确提出"一切为西移让路"、"一切为西移服务"的原则，分阶段、分航线实现西移目标。青岛港的这一举措，引起各方面的关注，得到各方面的支持。

整个外贸集装箱西移从2002年3月18日开始。开往日本航线的"中远梅子"轮靠泊前湾新港区首先作业,拉开了外贸集装箱西移的帷幕。至11月4日,随着最后一班美西航线班轮"加贸"号靠泊新港区作业,韩国、美国航线转移成功,外贸集装箱西移全面完成。经过4个阶段,历时近8个月,原老港区的72条国际航线、310个航班/月、40余家船东、10余家场站、数以千计的代理和货主浩浩荡荡,横渡胶州湾,并新增航线30多条。当年港口集装箱吞吐量完成341万标准箱,比上年增长29.2%。其中前湾新港区完成外贸集装箱吞吐量170万标准箱,增长近10倍。青岛港集装箱吞吐量为全国沿海港口第3位,跨入世界集装箱大港15强。

外贸集装箱西移,产生了不可估量的影响,发挥了巨大的推动作用。西移战略的成功实践不仅让青岛港实现了集装箱生产布局的重大调整,而且带动了青岛市经济重心西移战略的实施。

之二:改革激发活力

1988年,青岛港16000名员工守着"大锅饭"、"终身制"和"铁交椅"举步维艰。面对这种情况,我们首先在企业内部,破除了干部"终身制"和"铁交椅",完不成任务者下台;打破工人"铁饭碗"、"大锅饭",实行计件工资,不好好干活的人在港务局内部进行待岗培训,竞争上岗。

特别是1991年的一件事对我的触动很大。那时,港口生产条件虽有很大的改善,但装卸一线始终没有摆脱苦、累、脏、险的条件,一线员工的工资待遇偏低,生活福利跟不上,造成员工队伍不稳定。为此我专门到一线装卸班组征求工人意见,我问这些一线工人:"你们放开了想,咱们装卸工一个月拿多少才算差不离?"几个工人商量了半天,狠了狠心才挤出一个数字:"400元",而且还认为这实在太为难我们了。多么可爱可敬的员工!回去后我们立即进行研究,在同年7月,我们做出了另一项重大决策,也同样是引起外界争议的一项决策:明确青岛港工资福利"向装卸第一线倾斜"。当时出台的薪酬改革"21条"与后来相继出台的政策共83条一起,明了在企业形成一、二、三线人员合理比例的基础上,大幅度提高装卸一线员工的计件工资,并在分房、奖金分配、补贴、带薪休养等方面给予特别倾斜。同时,对于技术工人,在考工晋级、特别贡献、转用经费、科技发展预备基金等方面,也给予了特殊政策。

  1994年7月,我们又带领有关人员,分11个组到基层单位和一线员工共同劳动,调查研究,在此基础上,又出台了深得广大员工欢迎的《为装卸一线服好务,为广大职工多办事的决定》(简称34条)。"34条"中指出:"确保各装卸公司在全港生产建设发展的中心地位。把打好安全质量、装卸生产、资金管理,作为各装卸公司组织港口生产经营的长期和主攻方向。继续坚持'科技兴港'的方针,使科技更好地为装卸生产服务。为广大员工解决好住房、交通、生活、就餐、就浴、取暖、防暑、子女就学、加班费等实际问题。"

短短几年下来，改革在青岛港大见成效。1990年青岛港的人员是15493人，劳动生产率是每人每年2186吨。到1996年，青岛港的人员是15485人，比1990年的人员还要少，但是劳动生产率却达到了4106万吨，增长了88%。而按照1990年的劳动生产率水平，1996年青岛港应该达到29000多人。

根据港口实际，我们坚持年年推进机制创新，制定的各项改革政策更加有利于调动员工的积极性。除继续向装卸一线、科技人员实行倾斜外，还制定改革措施，向关键岗位、重点岗位以及向优秀农民工等倾斜。2004年，又出台了35条以人为本、人才强港激励机制；2007年推出了深受广大员工欢迎和拥护的关于知识分子、技术工人、农民工三支队伍建设和管理的"六个决定"等人才激励机制。2010年又历时两个多月研究出台了"一个机制"、"三个决定"以及实施细则。使港口从关注员工的生存到使员工的生命价值得到提升，使港口创造财富的源泉充分涌流。

从上世纪90年代初到现在，我们共有上万人实现转岗，无一人被推向社会，吞吐量却实现了三个亿吨的跨越。与此同时，员工干得越多，不仅腰包里的钱就越多，小日子过得越红火，而且摆脱了贫困，摆脱了落后，摆脱了愚昧，过上了幸福美满的新小康生活；依靠创新，培养造就了以新时期产业工人的先进典型许振超为代表的码头工人。

第六章 创新兴 企业兴

用创新的思维引领创新的行动

没有革命的理论就没有革命的行动,思想永远是行动的先导。我们每前进一步,都离不开解放思想的推动,思想解放到什么程度,创新发展就进展到什么程度。在改革中,我们认识到,任何改革作为新生事物,都不是一帆风顺的,而且任何改革也都没有现成的路可走,没有现成的模式可套,可以说任何创新的思想和举措都是一项前无古人的伟大实践,没有现成的经验可借鉴,也没有一成不变的理论可照搬,我们必须紧抓发展主题,与时俱进,不断地解放思想,使思想更加贴近我们的工作实际、生产实际和发展实际,特别是对于各种变化莫测的新情况,我们的思想都要跟上,都要积极应对、大胆创新,以思想的大解放,推动企业的大发展,这样企业才能站得住、立得稳,才能不被淘汰。

人贵有自知之明,什么时候认为自己好了,人也就完结了,企业就不能发展了。创新归根结底就是自我否定、自我改造、自我超越的过程,也是一个非常痛苦的过程,有时与个人的思想感情是格格不入的。所以作为企业经营者,我们必须要有脱胎换骨、凤凰涅槃的勇气,看清自己的差距和问题，把差距当成创新的方向、潜力和企业的新增长点，从转变观念、解放思想开始不断地创造出新的奇迹。

解放思想也不是漫无边际的，而是要实事求是，就是要在马克思主义指导下打破习惯势力和主观偏见的束缚，研究新情况，解决新问题，使思想和实际相符合，使主观和客观相符合，就是要让我们的思想更加贴近企业的工作实际、生产实际和发展实际。对于各种变化莫测的新情况，我们的思想都要跟上、都要积极应对，这样才能站得住、立得稳，才能不被淘汰。如果我们思想不解放，安于现状，墨守成规，就不会有企业发展的局面。

在计划经济向市场经济转型的过程中，为把握装卸生产的主动权，我们明确提出了"港口装卸生产主战场在港外"和"全国960万平方公里都是青岛港的经济腹地"的市场战略，将过去的"以生产组织为中心"转变为"以货源组织为中心"。树立了"以市场为导向"、"以客户为中心"的生产经营理念。这就是我们在发展战略上的一大创新，如果我们仍然抱着计划经济的老皇历不放手，那样肯定是要被市场经济淘汰的。所以我们要研究吃透行业和企业的实际情况，敢于打破一些条条框框，敢于突破一些禁区，只要符合企业的整体利益、有利于企业的发展，就大胆地尝试。作为企业经营者，我们首先眼界要开阔一些，思路要创新一些，要"跳"出自我狭小的圈子看问题。

我们人类实际上就在做两件事情，一件事是认识世界，一件事是改造世界。企业能否转型升级，不仅是理论问题而且还是实践问题。任何创新的思想都需要扎扎实实的行动来落实。不真抓实干，再好的目标也是空中楼阁。我们要将推动发展作为检验创新的唯一标准，从员工的迫切愿望出发，从企业发展的迫切需求出发，牢牢把握住创新的方向，从理论和实践的结合上闯出一片新的天地，以思想的大解放全面带动企业的科学发展、转型升级，把握住发展的主动权，带领企业不断地从一个胜利走向另一个胜利，从一个高度跨越另一个高度。

【案例】

之一：变坐商为行商

青岛港位于山东半岛的胶州湾畔。传统意义上讲，青岛港的地理位置十分优越，终年不淤不冻，具有广阔的发展空间，而且青岛港有良好的交通基础设施，各种运输方式便捷。青岛港所处的山东不仅在基础设施上发展得好，有铁路、公路等，而且使青岛港的腹地不断向外延伸到其他省份。但是受计划经济观念的影响，青岛港的腹地仅局限于山东、河南以及江苏、河北的一小部分。而且在环山东半岛地区就纵横林立大大小小的几十个港口，货源市场的竞争激烈程度可想而知。

20世纪80年代末，中国逐步推行改革开放为既定国策，计划经济堡垒慢慢动摇，市场经济正摸着石头过河，路在何方？由于港口的特殊地位，决定了自身"港老大"的观念比其他行业更加根深蒂固，当时我们很多干部员工仍然坚信"海水不干就永远有饭吃。"可我真的感到，时代不同了，青岛港人的思想必须要跟上时代的潮流，改革开放的实践已经证明，计划经济时代的那一套"计划管理"已经无法调动干部员工的积极性，而且货源市场也要靠自己去开拓，青岛港必须定位于服务性行业，在服务理念和手段上进行彻底的转变，立即投入市场经济广阔天地。

1989年，我提出：货运质量是港口的生命线。此后我们又根据市场经济的规律，及时调整港口经营战略，以市场为导向，以充分满足顾客和法律法规要求为目的，形成了以顾客为中心的经营理念。我们坚定不移地走质量效益型发展道路，坚持"安全第一，质量兴港"和"质量兴港、科技兴港、实干兴港"的经营方针，坚持安全质量是港口第一位的工作；企业一把手应负的第一位责任；检验港口改革开放成效的第一位标准的"三个第一"，落实"没有货主、没有用户，青岛港就没有饭吃；货主满意就是港口质量工作标准；价格优惠，手续便捷，24小时为货主服务"的"三项原则"，达到货主满意、船方满意、对方港站满意"三方满意"。

特别是计划经济时代，港口历来是坐等送货上门，只有货主求港口，而港口则无求于人。1992年党的十四大提出：我国经济体制改革的目标是建立社会主义市场经济体制。我们感到企业今后的生存发展，必须以市场为依托，明确今后港口的主战场在外部、在市场。自此，青岛港不再是在家等货上门的"坐商",而必须转变为走出门去,走向市场的"行商",陆续在全国22个省、自治区、直辖市设立了自己的据点。

在郑州火车站东站,每周三、周六都有满载的集装箱专列缓缓驶进,来此等候的场站工作人员都高兴地说,这是青岛港的集装箱码头来了。为了扩大集装箱"门到门"运输,提高社会效益和港口经济效益,我们积极与济南铁路局和青岛站取得联系得到支持,并签订了集装箱海铁联运协议。1989年2月18日,青岛港集装箱公司首批共15个集装箱装上铁路列车运往郑州、西安等地,这是青岛港集装箱运输首次开展的集装箱海铁联运业务,打破了过去集装箱仅靠汽车运输到内地的单一方式。1997年8月,济南铁路局和青岛港务局共同组建了铁路青岛港站,是全国最大的集装箱海铁联运港站。随后,青岛港站陆续开通了青岛——济南、郑州东、西安、成都、济宁、新疆阿拉山口等直通式海铁联运和"五定班列",并成功启动了新亚欧大陆桥集装箱过境运输和危险品的接卸转运作业。"五定班列"使内地拥有了自己的"码头",极大地促进了内地的经济发展,同时也为港口赢得了滚滚货源。

之二:创新的张力

没有创新,就没有青岛港辉煌的今天;没有创新,就不会有青岛港灿烂的明天。

2003年,既是青岛港的改制之年,又是青岛港落实党的十六大精神的第一年。我们感到，必须要进一步增强责任感、紧迫感和危机感，立足当前，放眼世界，永不满足，聚精会神搞建设，一心一意谋发展。

2004年，我们再次提出：港口要发展，就要执著创新。我们要科学发展、长盛不衰，就必须紧紧抓住创新不放松，事事创新，天天创新，不断地有所发明、有所创造、有所发现、有所前进。

2005年，我们的"创新"思想再度升级，号召大家要用心用脑用力干工作，苦干实干加巧干，文字变数字，数字变业绩，每人再做新业绩，单位再做新贡献。

2006年之初，胡锦涛总书记在全国科学技术大会上发出了"坚持走中国特色自主创新道路，为建设创新型国家而努力奋斗"，"用15年的时间使我国进入创新型国家行列"的伟大号召，这无疑为青岛港实现长盛不衰指明了前进的方向，为青岛港的创新战略送来了强劲东风。借此东风，我们提出，经过"八五"、"九五"、"十五"的建设发展，青岛港已成为世界级亿吨大港。要实现青岛港的持续快速协调健康发展，把青岛港打造成为世界级强港，就必须建设创新型港口，依靠自主创新不断超越自我，人无我有，人有我优，人优我强，长盛不衰。

从此开始，"创新"提升到了青岛港战略的高度。而这个战略的最终指向就是：青岛港的长盛不衰。通过创新，来实现青岛港子孙万代长盛不衰的发展，成了青岛港面向未来的必然选择。

第六章 创新兴 企业兴

2006年，我们确定的工作主题就是"自主、创新、发展"。2007年的工作主题是"自主、创新、发展、和谐"。青岛港面向"十一五"，打造平安福港、效率快港、实力强港，建设创新型港口，为货主和船东创造更优越的港口条件，提供快捷高效的服务，加快青岛港由以运输枢纽及工业发展基地为特征的第二代港口，向以现代物流、信息中心和区域经济发展的重要基地为特征的第三代港口转变。2008年的工作主题是"创新年、管理年"，2009年又创建"安全年、创新年、管理年"。2010年我们提出了青岛港要走科教强港、科技强港、人才强港，共建创新型强港的发展之路，"创新"成为了港口未来发展的动力引擎。"十一五"的五年，是青岛港创新力度之大前所未有的五年，也是发展成效最大的五年。"十一五"全港累计完成吞吐量14.5亿吨，年均递增13.5%。集装箱完成4945万标准箱，年均递增14%。始终保持全国第二大外贸口岸、铁矿石进口世界第一大港、原油进口全国第一大港的地位。

人人创新　岗岗创新　零距离创新

企业活力归根结底就是人的活力，是全体员工的创造力，缺乏活力就是死水一潭。如果大家都在等、靠，都不去创造，都不去实干，都不去解决实际问题，那这个企业就停滞了。所以，我们就是要千方百计地把全体员工的积极性调动起来，无论是机关还是基层、一线还是后勤、市场还是现场、领导还是员工，让大家创新的愿望越来越强烈、创新的热情越来越高涨，这样我们基业长青、长盛不衰的信念才会越来越坚定，走好长盛之路的步伐越来越有力，创新寄托着我们对美好生活的期盼，承载着企业走向长盛的希望。

想不想创新、会不会创新、能不能创新是衡量一个单位工作水平高低的重要标志，衡量一把手是否有绩效、员工是否爱岗敬业的重要标准。归根结底创新是给自己干的、不是给别人看的。我们企业的经营者和各级领导干部应当带头创新。如果一个领导者，沉醉于成绩当中，留恋自己一套固有的观念和做法，这是最为可怕的，就会影响到我们的工作，影响到我们的事业，影响到我们的发展。领导干部必须树立强烈的责任感、危机感和紧迫感，想实的、干实的，时时刻刻先学一步、先行一步、领先一步，引领企业的创新风尚。

创新不是摆花架子，是要好吃好用，就是实实在在解决我们发展当中遇到的难题，是要用实践来检验，目的在于发展，在于提高劳动生产率，在于提高人的精神状态。不在于项目规模大小，技术复杂程度高低，只要能解决实际问题，满足市场和客户需要，能确保安全、降低劳动强度、提高生产效率、促进节能减排、缩短员工在港时间都是创新，小改小革只要对企业发展有帮助同样也是大发明。所以创新并非高不可攀，不是一时、一事、一个领域的事，而是企业全方位、全过程的事；不是少数人的事，而是多数人的事，就在每个人的身边，就在我们的岗位上。只要人人用心用脑用力，创新就无处不在，人人都能出成果。

我们特别应当重视员工的创造力。可以说，员工当中蕴藏着无穷无尽的智慧。我们想到的员工能创造出来，我们想不到的员工照样能创造出来。员工是真正的英雄、最好的专家，依靠员工一切困难都能克服，任何强敌都能战胜。我们岗位上的员工最了解岗位实际情况，最清楚生产各个环节的需要，最知道要解决什么问题、创新什么成果。所以必须开展全员全过程的主体创新、全面创新、应用创新。赋予企业持续的创新力，才能支撑企业不断焕发出勃勃生机。企业要把员工作为创新的主力军，把每个岗位员工的热情都调动起来，破除员工对创新的片面认识，充分尊重、紧紧依靠，让员工人人都有创新舞台，人人创新、岗岗创新、零距离创新，用无时不在、无处不在的创新行动掀起企业轰轰烈烈的创新革命。自己解放自己，自己提升自己，人人贡献聪明才智，人人享受创新成果，真正尝到创新的甜头，成为创新发展的最大受益者，人人变"要我创新"为"我要创新"，这样我们的创新就有了力量之源。

当前，科技创新是顺应经济全球化趋势，加快提高国际竞争力的关键所在。俗话说，"工欲善其事，必先利其器。"科技创新是国有企业实现持续发展的生命线和提升企业国际竞争力的关键要素。企业的技术创新跟不上发展的需要就会制约发展，跟不上世界一流的技术水平，想要发展成为世界大港就是空谈。无论是劳动密集型企业还是知识密集型企业，能否在各行业中占领高地，必须持之以恒地创新科技。

特别是要把信息化等高端武器从专家手中"解放"出来，从实验室中解放出来，运用到企业生产更为广阔的天地中去，成为广大员工的新式武器。同时，我们要重视成果的研发，更要重视成果的应用和推广，这也是对广大员工创新精神的最好肯定，通过加大成果的推广使用力度，使一个成果放大到成百上千个成果，让推出的成果"物超所值"、增值裂变，这样我们才能更好更快地将创新融入企业发展的全过程，实现"要我创新"为"我要创新"，"局部创新"为"全面创新"，"量变"为"质变"的三大转变，推进企业不断地科学发展、转型升级。

【案例】

之一：激活第一生产力

在解放初期，青岛港是一座名不见经传的小港口，从帝国主义列强手中夺回的旧码头遭受风雨侵蚀，等待修复利用。改革开放初期，青岛港受计划经济的束缚，发展缓慢，徘徊不前，码头工人基本上还处于脏、苦、累、险的工作状况，摆脱不了手搬肩扛的落后局面，装卸矿石人山人海、好几天才卸完一条船，那时候科学技术不被重视，技术工人由于种种原因，学习技术、钻研技术的积极性一直不高。我感到，只有用现代化科学技术武装起来的港口才是强大的、真正富有竞争力的。

1990年，青岛港召开了百年历史上的首届科技大会。我们提出："科技兴港，事关大事，时不我待，势在必行。"科技兴港遂成为青岛港的一项战略决策。大会大张旗鼓地表彰了为港口做出突出贡献的科技人员，使青岛港2000多名科技人员倍受鼓舞。科技大会的召开有力地促进了青岛港的科技工作，从此，科技大会被作为一项制度在青岛港确定下来。

第一次科技大会的胜利召开，使广大科技人员和从事一线的技术工人看到了港口兴盛的曙光。我们认为，要想真正以科学技术调动广大员工的积极性，必须首先从思想上引起足够的重视。在进行前期大量的基础摸底工作后，从1988

年下半年起,我们陆续制定了《科技成果管理办法》、《科技管理工作条例》、《科技难题招标管理办法》、《培养选拔局级专业技术优秀人才管理办法》等有关政策,并着手建立起从局到科、队(车间)三级科技管理网,为青岛港科技兴港总体战略的实施提供了保障。与此同时,青岛港成立了有史以来第一个科学技术委员会和科技协会,并形成具有鲜明港口特色的"一把手亲自抓第一生产力"的机制。

此后,一届届科技大会的召开不断从根本上扭转了人们对科技工作存在的不正确认识,科学技术在港口各项事业中的地位和作用不断提高和加强。

1994年9月6日,第二届科技大会,我们提出要让每一名员工都参与到科技兴港工作中来,培育造就一支高素质的科技队伍,推动港口发展。

1998年5月12日,第三届科技大会,我们提出以科学技术的进步和全员素质的提高来推动各项事业的发展和新的腾飞,把青岛港建设成为国际亿吨港口、世界名牌港口和北方航运中心。

2004年4月29日,第四届科技大会,我们提出要以"三个代表"重要思想和党的十六大精神为指针,坚持以人为本、人才强港,树立和落实科学的发展观和人才观,大力弘扬振超精神,以机制创新为动力,培养造就"德为重、信得过、靠得住、能干事"的高素质的忠诚员工队伍,为建设北方国际航运中心提供强有力的人才保证和智力支持。

2007年2月1日,第五届科技大会,我们提出全面贯彻和落实科学发展观，坚持以人为本，大力实施科技兴港、人才强港和创新战略，不断深化创新教育、激励、用人、管理等机制，培养造就"德为重、信得过、靠得住、能干事"的人才队伍，不断提高自主创新能力和科技水平，为全面建设创新型港口，加快向第三代港口转变，实现更好更快发展提供强有力的人才保证和科技支撑。

2010年，我们又举全港之力，在长达2个月的时间中，先后举办五个筹备会，25次专题研究、十二个回合修改大会材料，全港上下以空前的热情和干劲，空前的创造和活力，把筹备会、迎接会的过程变成人人创新、岗岗创新、零距离创新的过程，人人关心盛会，人人参与盛会，人人创优异成绩迎接盛会。6月12日，第六届科技大会隆重召开、盛况空前，11类237项突出成果闪亮登场，10名突出拔尖人才和53名突出贡献人才风风光光，"一个机制"、"三个决定"火热出台，特别是我们在全港上下面向"十二五"的历史关头，明确了"科教强港、科技强港、人才强港、建创新型大港"的前进方向。

在举办历届科技大会的过程中，我们坚持了青岛港科技兴港战略发展：

首先是确立并巩固了"科技兴港"的战略。让"科技兴港"的战略深入人心，变成了每个人的具体行动。

其次是确立了"科技以人为本"的观念。人是研发新技术的主体，人又是推广新科技成果的主体，使"人才强港"变成了"科技兴港"密不可分的"战略盟友"。

再次，依托"科技兴港"的战略和"科技以人为本"的观念，青岛港建立并发展完善了以人为核心的科技长效机制，调动起了全员、全过程、全方位创新的热情。特别是第六届科技大会召开后的一年中，我们又举全港之力连续举办五次"转型升级、创新成果"现场推进会，每一次推进会都创出一大批成果、涌现出一大批人才。我们还以信息化升级战掀起港口管理方式、生产方式的根本变革，以财务管理为中心再造业务流程，以装卸公司为重点破解"确保安全、降低劳动强度、提高生产效率、促进节能减排、缩短员工在港时间"的"五大难题"，并实现了港口"四大港区"船舶调度指挥一体化、全港区矿石疏运管控一体化、集装箱作业智能化。

特别是广大员工，依托创新舞台，自己解放自己，自己提升自己，人人贡献聪明才智，人人创新、岗岗创新、零距离创新蔚然成风。"十一五"期间，共完成科技创新和工属具革新成果1500余项，获得专利权131项，获得国家省市部级各类成果奖21项；获得市级以上信息化成果奖20项，软件著作版权19项，对外签订产学研合作项目10项；累计完成群众性"千项软件"开发5800项。集装箱轮胎吊"油改电"、拖轮"学良节油工作法"、"门机作业自动计量系统"三个项目，分别被部评为全国交通行业节能减排示范项目。"青岛港集装箱码头装卸工艺优化系统"入选交通运输部第四批节能减排示范项目，"双车翻车机技术改造"等项目荣获全国、省市表彰。

之二：鼠标革了铁锨的命

随着经济全球化特别是我国经济的快速发展，过去搬搬抬抬的生产方式、写写画画的管理方式、电话传真的联络方式，根本无法满足如今港口每天上百艘船舶、100多万吨货物、30000多个集装箱进出港的生产管理需要，必须依靠信息化提升港口的现代化生产管理水平。

我们坚持信息化不是单纯的技术问题，而是管理问题、发展问题，不为信息化而信息化，不照搬照抄别人的发展模式，从自我实际出发，走自己的信息化发展之路。我们以信息化服务、拉动和提升港口生产管理为原则，对港口信息化建设进行总体规划，分步实施。根据港口生产管理的特点，将信息化建设规划划分为客户服务信息化、港口生产信息化、港口管理信息化、现代物流信息中心四大板块。

客户服务信息化就是要实现与国内外的船东、货主、代理、一关三检等口岸部门的电子数据沟通交换；港口生产信息化就是要实现港口生产工艺的系统化、自动化、流程化；港口管理信息化，就是要在港口管理中广泛应用计算机管理；现代物流信息中心，就是使青岛港成为汇集港、航、货等各方面物流信息的信息中心，形成完整的港口信息系统。

经过十几年来的建设发展，青岛港已拥有了一支国内港口一流的信息化建设队伍，港口信息化水平处于国内沿海港口先进水平，有力地推动了港口的升级换代和科学发展。

与此同时，青岛港在全面普及计算机应用和技术培训的基础上，专门召开信息化建设现场会推进会，打破软件开发的神秘性，将软件从专家的手中解放出来，成为员工的新式武器，已连续多年在全集团开展群众性的"千项软件开发应用"活动，而且每季度进行一次全集团大总结大表彰，使软件开发应用进科室、进基层、进班组。

此外，我们坚持走"产学研"一体化之路，与大学、科研机构的信息化专家联手开发相关项目。早在2002年7月，国家经贸委与中国工程院联合组织开展了"青岛港企业技术创新院士行"活动，为青岛港开拓了企业信息化发展的新思路，正确把握了现代信息技术的发展方向。并与相关专家签订合作开发课题项目，专门立项进行了科技攻关，并建立了长期的联系。自主研发的《青岛港现代物流及电子商务系统工程》实现了船公司、货主、监管部门、金融等信息系统的横向贯通、信息共享，推动了内陆城市的"无水港"建设。我们通过无线射频识别技术实现了闸口、车辆的实时管理，走在全国"物联网"建设前列，中科院软件所、交通运输部、商务部、青岛市专家慕名而来，与青岛港共同研究开发"物联网"项目。

信息技术在港口各个领域得到广泛应用，"用鼠标革了铁锹的命"，极大地提高了作业效率和现代化管理水平。青岛港以信息化带动产业化，以港口为中心，每天上百种电子报文、几十万条数据信息，穿梭于国际国内各大港口、各大船公司、货主、代理及海关、商检等口岸部门和用户之间，实现了电子数据的自动交换。建设了全国港口集成度最高、技术最先进的生产指挥中心，运用现代先进信息技术，建立起具有港口生产组织、船舶引航、拖轮调度、作业监控等业务管理功能和数字化、图形化、可视化集成信息应用系统为一体的集团生产指挥中心，达到了世界一流大港的先进管理水平，为青岛港的生产管理和船舶引航装上了"千里眼"和"顺风耳"。建设了适应现代化保税港业务运作的物流信息中心，为青岛港保税港区及物流园区建立了港口物流信息枢纽，是港口物流的数据中心、监控中心和客户服务中心，包括物流视频监控、集疏运管理、保税仓储管理、配送管理、客户服务等八大功能。通过青岛港物流信息平台及相应物流业务系统，港口和各类企业可以方便地开展相关物流业务和电子商务，相关政府部门可以高效地进行物流服务和监管，从而达到发展港口现代物流、提高通关效率、降低交易成本、增加贸易机会、增强综合竞争力的目的，为实现港口现代物流及电子商务工程提供可靠的支撑。

我们的信息化也促进了生产作业现代化。积极采用先进的信息化技术，加快对港口传统生产工艺的现代化改造。其中青岛港自主开发的集装箱码头管理系统在"三国四方"合资中，得到了外方IT专家的高度评价。《青岛港船舶动态监控及电子海图管理信息系统》，被评为"国家优秀倍增计划项目"，山东省计算机应用优秀成果二等奖，青岛市科技进步一等奖，中国航海科学技术奖三等奖，第二届国家安全科技成果三等奖；《集成可视化港口生产指挥系统》项目，荣获山东省计算机应用优秀成果一等奖,中国航海学会科学技术奖三等奖;《港口物流信息及电子商务系统》荣获山东省计算机应用优秀成果三等奖,青岛市科技进步二等奖,中国航海学会科学技术奖三等奖;《前湾三期智能生产控制系统》项目,荣获青岛市科技进步二等奖,山东省计算机应用优秀成果三等奖;《公安计算机信息系统运作与管理项目》获得青岛市企业管理现代化创新成果一等奖。2011年,我们又荣获"十一五"全国交通运输行业信息化工作先进单位荣誉称号,《现代港口综合物流信息平台研究与实施》项目被评为"十一五"全国交通运输行业信息化优秀项目。

与此同时,港口信息的准确及时,给船代、货代、报关行制单、报关、结汇也带来了极大的便利和实惠。企业通关可以通过互联网向海关、检验检疫部门传送电子单证和申请,海关、检验检疫部门网上审核放行只需10分钟,企业整体通关速度提高了5倍以上。青岛港以信息化的进步带动了港口向更好、更快、更强大步迈进。

第七章
风气决定成败

作风是一个人思想、工作和生活态度的集中反映,是品格、修养和素质的充分体现。多年来,我们始终注重加强领导班子建设和职工队伍建设,始终突出抓好两件事情:一件是决策,另一件是风气。领导班子做决策,是头等重要的大事。但是再好的决定,如果风气不正也贯彻不下去,要不就阳奉阴违,表面赞成,背后不干;要不就实用主义,适合自己口味的就干,不适合自己口味的就不干,贯彻走样;要不就力度不够,不抓不管,遇到矛盾、困难和问题就绕道走,什么事也贯彻不下去,什么事也办不成。所以,好的决策要有好的风气来保证。风气和决策是相辅相成的,风气不好,决策也不会正确,就是假的。风气不正,决策再好,也落实不下去。对于一个企业来说,风气决定成败。

风气不正　一事无成

我们的发展历程证明，一个好的风气能够促进单位的发展，能够把这个单位的各项事情办得更好。

我们讲的"一代人要有一代人的作为，一代人要有一代人的贡献，一代人要有一代人的牺牲"，就是我们风气的集中体现。我们的队伍都能做到有作为、有贡献，不怕牺牲，这是我们"三观"的具体体现。讲作为，讲奉献，而不是去索取，这样我们的队伍才能向上，才能健康。反过来，如果我们都在享受，贪图安逸，都在想着索取，那么这个单位就会倒退，就不可能发展。另外，在发展的过程中，必须要有牺牲，牺牲我们的眼前利益、局部利益。一事当前，先替别人打算，这就是我们提出的一代人要有一代人的牺牲的最好注解。

有了好的风气，团队就能够形成强大的生产力、战斗力，特别能打胜仗、打硬仗。风气不好，松松垮垮，不战而溃，没有战斗力。所以讲风气我们要重视，特别是对于我们青岛港的今天来讲，要想长盛不衰、持续发展，关键在党，关键在人，关键在我们的风气。现在我们坚持以人为本，再好的设备我们能买来，再好的码头我们能建起来，但是再好的风气却买不来，造不起来，而是要靠培养，靠长年累月去铸造，从每一个人做起，特别是从我们领导干部做起，从我们机关做起，这样才能够把我们青岛港的风气搞上去，才能够使我们单位持续发展、长盛不衰。一个企业积累财富很难，但要想败坏一个企业的财富却很容易，所以说风气是非常重要的。

树好风气，归根到底就是要做好人、办好事、负好责。作风不正，形象就好不了，必然脱离群众、脱离实际。只有树好风气，我们才能得民心、顺民意，才能得到大家的拥护、信任。

因此，干部队伍就是要首先树好这样"五种精神"：第一，要树好一心为民的志向。青岛港干部队伍的风气中很重要的一条是要"一心为民，造福员工"，只要把我们的大目标，把我们的奋斗方向定在"一心为民"上，我们对很多问题就会理解，很多事情就会想得通。当领导的就是要给员工办事，为员工解决实际问题。"一个人办一件好事不难，难的是一辈子办好事"。当干部就是要树立"一心为民"的志向，树立一辈子为老百姓办好事的志向，把当干部的坐标立在这里，境界就高了，动力就有了。第二，要有一身正气的胸怀。要不信邪、不怕邪，胸怀要宽阔，堂堂正正、敢说敢干。第三，要有无私无畏的胆识。私心杂念重了，就会畏缩不前，当领导的只要无私无畏，敢抓敢管，就会心底无私天地宽。第四，要有无怨无悔的心态。我们特别要提倡的就是无怨无悔，既能任劳，又能任怨。当领导的就要有这样一种心态，心态平衡了、健康了，就心顺气顺，就会正确对待表扬和批评，正确对待群众的要求。第五，要有真抓实干的精神。在青岛港干工作，就是要硬碰硬，就是要真抓实干，解决实际问题。

【案例】

永葆本色

2011年7月1日，胡锦涛总书记在庆祝中国共产党成立90周年大会上发表了重要讲话，我们感到总书记说出了我们码头工人的心里话，代表了我们的心声，同时也让我们进一步明确了加强领导干部队伍建设的方向。我们要把国有企业发展好，要带领员工过好日子，就是要不打折扣地把胡总书记的指示落到实处，永葆共产党人的政治本色。

为此，我们全集团掀起了轰轰烈烈学本色、用本色、葆本色的热潮，特别是坚持领导干部带头学习、带头实践。早在"七一"前夕，我们在连续两天召开集团领导干部"永葆本色"学习班的基础上，7月18日，我们历时半年时间筹备的2011年青岛港领导干部培训班开班，为此我专门为学员作了长达两个多小时的动员讲话，希望他们深刻领会胡总书记的讲话精神，能够永葆本色、创新发展、造福员工。8月2日至8月8日，集团两级机关以"学讲话、抓落实，葆本色、促发展"为主题，进行了第23年的"夏练三伏"。其中，我带领8个部门和单位的188名机关干部到我们装卸生产的先进单位前港公司进行了4个班的劳动调研。就像胡总书记所说的，来自人民、植根人民、服务人民，是我们党永远立于不败之地的根本。我们就是要用实践学"讲话"，用汗水练本色，在深入基层中进一步认识基层、学习基层，在走进员工中进一步理解员工、更加尊重员工，牢牢把握住我们各项工作的立足点和着力点，这样我们才是把胡总书记的讲话落到了实处。在四个班的连续奋战中，我们与装卸一线员工打成一片，心连心、交朋友，肩并肩、战酷暑，同学习、同落实、同调研、同贡献；学习他们的好做法、做出好样子，努力当好贴心人和带头人，凝聚起创新发展的强大合力。

8月5日-8月8日备战强台风"梅花"的过程中，我们集团党政领导严阵以待，在"四大港区"抗击台风的第一线，带领调研人员和员工一起装防汛沙袋，两万名海港员工和我们一起并肩战斗，对每一台设备、每一个货垛、每一个灯塔、每一处排水系统、每一个点的防风防汛物资都一一进行检查、做好防范，确保了"梅花"来袭时港口安全生产的万无一失，8月8日早上7:20迅速恢复正常生产，夺取了防御9号台风"梅花"的全面胜利。

一把手强、副职强、班子强、队伍强。我们把胡总书记指出的当前党员队伍中"精神懈怠、能力不足、脱离群众、消极腐败"的"四个危险"作为当前青岛港如何发展的重要课题，从基层选拔了长期"5+2"、"白加黑"，三年改变公司面貌的张再春同志作为全集团领导干部学习的榜样，8月11日至13日，以前所未有的力度夜以继日先后召开"学讲话、葆本色，学榜样、促巨变"劳动调研总结动员大会和现场会，带领领导干部学习如何做好人、干好活、当好头，真正成为员工的贴心人。各个单位立足当前、着眼长远，立即研究制定巨变措施，掀起进一步学习讲话、抓好落实的高潮，切实做到各级领导受教育、创新发展上水平、造福员工谱新篇，把总书记的指示在青岛港落实下来，带领员工干事创业、过好日子，把国有企业发展得更好，让员工生活得更加幸福、更有尊严。

第七章　风气决定成败

领导要取信于民　说到做到

我们领导干部不能失信于民，说了就要兑现，这样我们领导说话员工才能欢迎，员工才能听。当领导，只有讲诚信，才能有威信，才能有号召力；只有说老实话、办老实事、做老实人，才能赢得员工的信任和拥护；只有严格要求、严肃态度、严密组织、严明纪律，才能带好兵、打赢仗。

一个人处在领导岗位，下面有几千只眼睛、几万只眼睛在盯着你，听你的言，观你的行，在心中给你打分，看看值不值得跟着你干。诚信危机比金融危机更厉害，一个人失去了诚信、一个企业失去了诚信就失去了朋友，没有企业敢和你打交道。人与人之间的交往，诚信是最根本的，这是一个人品质道德的底线。说真话不能说假话，干真事不能干假事，得真抓实干，靠本事吃饭，靠能力吃饭。所以我们特别强调怎么讲诚信，用我们的真抓实干，用我们一点一滴的言行赢得员工的信任和拥护。这不是一次跟班劳动就能解决的，也不是我们下去干几天活就可以解决的，这是对我们每个人终生的要求。

信任无价，没有信任就没有一切。领导信任我们，委以我们重任；员工信任我们，给我们工作的机会，我们能得到党和员工的信任，是我们一生最大的幸运；能有这么好的工作环境和工作岗位，是我们一生最大的福分，真正把信任转化成无限的责任、无限的压力、无限的动力，自觉站到高风险、高压力、高动力的第一线，说到做到、取信于民。

讲诚信是要付出艰苦努力的，讲诚信是用心干出来的。我们有的人整天光说不干，口号喊得震天响，工作就是上不去；决心很大，整天可上"九天揽月"，可下"五洋捉鳖"，可是遇到现实问题，仍然是"涛声依旧"；有的当面一套，背后一套，表里不一；有的为人处世圆滑，说做不一，欺上瞒下，弄虚作假，等等。这样的人无法让领导信任，让员工信任，终究会像《狼来了》那个故事里的小孩一样，自食恶果。

我们领导干部得听员工的反映，千万不能只看表面现象，头脑发涨，自以为是。员工满意不满意、答应不答应、赞成不赞成、拥护不拥护，是从大量的事实中，从员工大量的眼神中，从员工大量的话语中看出来。领导干部要多听听哪些事员工不满意，听不到就是失职，就是脱离群众、脱离实际。

正所谓正人先正己，做事先做人。管理者要想管好下属，必须以身作则。榜样的力量是无穷的。不但要勇于替下属承担责任，而且要事事为先，严格要求自己，做到"己所不欲、勿施于人"。一旦通过表率树立起在员工中的威望，将会上下同心，大大提高团队的整体战斗力。得人心者得天下。做下属敬佩的领导将会使我们的管理事半功倍。

【案例】

不让一名职工下岗

2008年10月,爆发自大洋彼岸的金融危机以史无前例的破坏力迅速席卷全球。2009年1月1日,面对前来青岛港视察的国家总理温家宝,我当时也向总理拍了胸脯:无论遇到多大的困难,青岛港决不让一名员工下岗!

说一句鼓舞人心的话无疑是容易的。可是当这句话一旦成为是面对24000名员工,面对国家总理,面向全国的一个承诺,那么在这个承诺的背后,我们必须背负起更多常人难以企及的责任。应对横扫全球的金融风暴,为了让青岛港这艘庞大的世界级航船平稳前行、乘风破浪,我们坚持"科学发展不动摇,增长指标不动摇,造福员工不动摇",一直马不停蹄地奔波在全国各地,跑市场、跑货主、跑船东、抢船、抢货,甚至农历腊月二十三小年当天,我们仍在上海四处拜访船公司及货主,直到深夜才返回青岛……

其实早在上世纪80年代末,青岛港的员工总量就已突破万人,成为青岛市员工最多的大企业之一。计划经济时期,人们一直将"众人拾柴火焰高"奉为真理,但到了上世纪90年代初国有企业体制改革时期,一万多名员工却成为青岛港难以承受的沉重负担。当时青岛港有16000名员工,但按照当时的情况只要5000人就足够了,如果也像大部分国有企业那样大幅度裁员，青岛港将有11000名员工要下岗。

我始终忘不了那一个寒冷的冬天。在我上班路过早市的时候，看到社会上的下岗员工在寒风中冻得瑟缩着身子，靠摆地摊挣点钱、维持生计，心里很不是滋味。之后在我们的一次深化改革会议上，我们领导班子郑重地向广大员工承诺："只要愿意干、好好干、尽职尽责地干，就决不撒手不管，决不把一名员工推向社会！"这句话说起来容易，做起来难。但是我们既然做了这样的承诺，就要千方百计为员工解决岗位问题、饭碗问题。

在提出了"决不让一名员工下岗"的原则后，我们又迎来了一个新问题：今后这些人往哪里去，钱从哪里来？在各项指标的压迫下，我们许多分公司领导纷纷要求减员，有的还言辞激烈地表示：不减员指标就完成不了。听了这话，当时我在大会上提出：哪个单位一把手让员工下岗回家，我们就让他先下岗。

与此同时，我们又提出了三种对策：谋发展、定制度、搞培训，一方面开拓市场，另一方面不断根据市场需求制定战略，扩建码头。同时我们还提出青岛港的市场在全国，率先提出为货主服务的"三项原则"，我经常带领业务人员北上南下，在国内国外开货主会、推介会，竭尽全力争揽货源。20多年来，我们不仅实现了没有让一名员工下岗，而且还为社会创造了53万个就业岗位。特别是在2008年以来的金融危机中，我们包括8000多名农民工在内的全体员工薪酬不变，通过内部转岗分流、自我消化，我们为1000多名员工找到了新的岗位。同时，在经济的寒冬里再招收800多名大学生来港工作。2010年全国"两会"期间，温家宝总理再次鼓励我们"青岛港很重要，而且也出人才。青岛港有着非常好的基础，无论是管理还是工人队伍的素质都非常好。去年在金融危机非常困难的时候，都咬牙度过来了。去年一年又新招收800多名大学生到港口工作，说明企业办得非常好。"

第七章 风气决定成败

树好风气　带好队伍

好的领导就是有办法领导和团结一群人进行创造。在这种情况下，作为领导，最重要的条件就是正直，这是绝对不能妥协的一个原则，是我们作为领导立德的最根本基础，包含了诚实、公正和责任感。这是员工对我们赖以信任的力量和跟随的力量。

历史发展告诉我们，领导是关键，干部是关键，带头人是关键。没有好的带头人，群众就没劲头。领导能干，这个单位就有前途，领导不能干，这个单位就完了。选择一个好的领导就是这个单位的福分，老百姓得益，国家得益。单位没个好头，老百姓倒霉，员工倒霉。

所以，在青岛港当领导就是倡导"一名领导就是一面旗帜，一个班子就是一个战斗的集体"，对上让领导放心，对下让员工满意，自己终生无悔。一级带着一级干，一级做给一级看，让员工踩着自己的脚印上班，自己踩着员工的脚印下班。要不仅坚持跑市场，而且坚持跑现场，团结和带领广大员工不断开拓港口发展的新业绩。

我们要求领导干部既要带头大干，又要为人师表，决不能混同于一个普通的劳动者，要能够看到我就是代表党的形象，就是代表国有企业领导的形象，这样说话、办事就有了准星。我们就是要高标准、严要求，要勇于说出"向我看齐、向我学习"，确实能够在岗位上为员工做出榜样，在岗位上立党为公、秉公办事。深刻地认识到自己的作用和地位，要深刻地认识到我们的命运和国家、港口是联系在一起的，一言一行要给党旗增光辉。每逢节假日要坚守岗位，港外过节，港内大干；员工过节，领导过关；辛苦少数人，幸福大多数。当领导工作上要向高标准看齐，生活上向低标准看齐。关系到员工切身利益的事，都是先基层后机关，先员工后领导。我们只有好好干的权利和义务，没有不好好干的理由。因此，我们的工作作风就是要转变到"五个面向"上来，即面向基层、面向员工、面向市场、面向货主、面向外部。

青岛港的实践充分证明，领导对员工的影响力至关重要，只有树好风气、才能带好队伍。当领导干部的既要在平常工作中率先垂范，又要在关键时刻敢于伸张正义，为员工撑腰，替员工说话，在遇到危险的时候还要敢于站出来，说句公道话，营造一种"好人好事有人夸，坏人坏事有人管"的良好风气，形成一种讲正气的浓厚氛围。

困难面前如果我们不敢抓、不敢管，就会形成一盘散沙，不可收拾。无论什么时候，好人好事就要夸，不良现象就要管，歪风邪气就要批，有利于发展的话、鼓劲的话要多说，不利于发展的话、泄劲的话不说。要想干事创业干好工作，必定会有阻力，必定会有不同的声音，我们领导干部要坚持正确的方向，看准的事要一抓到底，若没有这样的雄心和魄力，我们就会一事无成。青岛港只有领导想不到的事，没有员工干不上去的事。

队伍不是教训出来的，不是靠各种手段管出来的，而是靠领导者以身作则、率先垂范带出来的。特别是作为国有企业，点多面广，人员分散，工作难度和强度很大，因此，需要造就一支团结有力、善打硬仗的员工队伍。不同岗位、不同工种、不同战线的员工，心往一处想，劲往一处使，齐心协力做工作，就没有战胜不了的困难，没有闯不过的"火焰山"。

【案例】

作风也是生产力

一个人能为党和国家工作的时间非常短暂，所以我们总感到有干不完的事，总想多干点，平常也只是把别人吃饭的时间、睡觉的时间和休闲的时间，都用来工作罢了。其实我们想想看，作为国企一把手，困难的时候我不先上，难道先上员工上？我不拼命干，让员工拼命干？所以我们怎么干都不为过。在青岛港，我们从早晨开会一直开到下午1点，然后紧接着又要开会，是常事；出差回来，一下飞机，就直奔单位，马上组织开会研究工作，是常事；我们用"11号"（双腿）转遍港区各个角落是常事；逢年过节我们班班见领导，领导班班见是常事……这样员工对我们才信服，才能全心全意的跟着我们干。

比如，我们干部在一年中最冷的"三九"天和最热的"三伏"天到码头上，和一线工人一起劳动，在青岛港已经坚持了23年。这也是我们青岛港的一大特色。

2011年1月，我们像往年一样，带领青岛港两级机关一千多名管理人员"三九"寒天深入到集团下属九大装卸公司，与基层员工同吃同住同劳动，切身体验一线的辛苦，了解员工群众的企盼。我和35名机关管理人员来到了大港公司装卸五队，这也是全集团工作最苦、最累的队之一，全部是由山东临沂地区农民工组成的专业装卸队，我们在五队劳动一周，每天一干就是十六七个小时。

1月12日是装卸五队的早班，正赶上寒流，现场气温达到零下12摄氏度，站在无遮无拦的码头沿上就像钻进了"冰窖"。4点多，我们和员工一起，来到二号码头进行啤酒装船作业。"光华1号"轮是来往于青岛和上海的散装货轮，主要运送春节物资，这次需装载1040吨青岛啤酒。大家脱掉棉衣冲到垛上，搬起一箱箱13.7公斤重的青岛啤酒装船，不一会工作服被汗水濡湿了一大片。经过苦战，我们提前9个多小时完成作业。15名一线工人每人搬了70多吨，相当于一节火车的货；35名机关人员每人搬了近30吨。正如我们机关的一位同志说的，跟班一线劳动，才深刻理解了一线工人的不容易。

我们坚持和工人一起从事体力劳动，得到工人们的认可。大港公司一名农民工兄弟说："以前在别处打工，工头不把我当人看。可在这，党员领导和我们一起搬、一起干，这让我想起了解放战争时期，俺老家民兵支前、同甘共苦的感人场面。"装卸五队的一名"老码头"还拉着我的手说："你经常来一线劳动，最知道我们码头工人心里想什么、盼什么。"青岛啤酒厂的一位监装管理人员还对我说："没想到在这数九寒冬的码头上还能看见你。"我们劳动调研就是为员工、为货主服务的，能听大家这样说，我感到我们调研是非常有意义的。

特别是作业结束后，船方和货主专门给我们发来感谢信。他们说：我们经常跑这条线，青岛港大港公司装卸五队从事啤酒装船作业已经 16 亿多瓶，从未破损过一瓶。按规矩，可以有 3‰ 的破损，但你们的高质量作业给我们增添了额外"利润"，在我们行业间称之为"亿瓶精装"，我们愿意从青岛港走货。

很多人问我，为什么让这些平时与笔杆子、电脑打交道的机关干部参加一线的体力劳动，而且这一传统坚持了长达 23 年？我告诉他们，我们组织管理人员参加一线劳动，就是用实践进行艰苦奋斗教育，让大家体味工人才是真正的港口主人，把自己的血脉、思想和感情和一线员工连在一起，把全港员工的心连在一起。有了这样一支队伍，没有什么困难不可战胜。

济南铁路局青岛段黄岛站的一位负责同志说：冬季南方

发电用煤非常紧张,煤都冻得非常结实,卸车特别艰苦,别的港口都不愿意干。一方面电厂急需煤炭,一方面煤车卸不下,每到困难的时候,青岛港的领导干部都来到一线,和工人们一起砸冻煤,不仅保证了我们火车运力,而且也为北煤南运做出了贡献。

对此,矿石货主也有同感:青岛港的冻煤火车卸得干净,矿石装车不亏吨;车皮清扫得干净,矿石煤炭不混货,保证了疏运质量。

中国人民大学公共管理学院副院长许光建教授指出,作风也是生产力,青岛港坚持23年的劳动调研,不仅加深了港口干群的鱼水情,而且具有社会意义。我想,大家说的也是我们的目的所在和努力方向,我们一定要把这些个好的传统坚持下去。

第八章
信立金字招牌

　　品牌是一种标识,更是社会、公众和市场对一个企业的认知、评价和印象,是一种重要的经营资产。它已与企业的整体形象联系起来,是企业的"脸面"。

　　因此,品牌战略实际上已演变成为企业为适应市场竞争而精心培养核心产品,再利用核心产品创立企业品牌形象,最终提高企业整体形象的一种战略,是企业用来参与市场竞争的一种手段。它是一种无形的稀缺资源。按照西方的营销理论,消费者脑子里能够容纳的同类商品只有七八个品牌,而最有价值的品牌往往就是两三个。谁拥有知名品牌乃至最具有价值品牌,谁就占领了市场的制高点,就可以整合社会资源,称雄市场。

第八章 信立金字招牌

诚信是最过硬的品牌

以诚为本、以和为贵、以信为先,是中华民族的优良传统。我希望青岛港给所有货主的印象都是重道义、讲感情、守信用。以德治企,以诚经营是我们的金字招牌,是诚信的力量让青岛港在市场的竞争中走到了今天。

孔子说,"人而无信,不知其可也"。对港口来说,同样只有守信用、讲品德,才能从根本上做好行业品牌、树立良好的行业形象。在市场经济下,诚信是打开市场之门唯一的金钥匙。比如说,2000年我们去邯郸开一个货主会议,我们说了一定去,但是大雪封路,正常情况下我们无法前往,但是我们克服种种困难,坐铁皮工程车在会议召开之前赶到了,我们的做法让货主方很是感动,我们这就是讲诚信了,我们也因此赢得了货主。

诚信是什么?诚就是真诚、诚实;信就是守承诺、讲信用。通俗地说,就是说老实话、办老实事、做老实人。"诚信"是建立行业之间、单位之间以及人与人之间互信互利的良性互动关系的道德杠杆。所以我们要做的就是让客户和货主一提到"青岛港"三个字,就会想到这是个讲信誉的地方,一听到"青岛港"就会立即联想起青岛港的优质服务,一提起"青岛港"货主就竖大拇指,愿意自己的货物从青岛港走。

我认为,市场经济是"诚信经济",诚信是市场经济的"通行证",所以我们为货主服务的"三项原则"确立以后,我们广大员工在各自的岗位上都固守这样一条:"宁可自己千难万难,也不让货主用户一时犯难。"我们也因此赢得了客户的信任,赢得了船东和货主的信任。这品牌、那品牌,讲信誉是最大的品牌。这广告、那广告,老百姓的口碑是最好的广告。港口行业同样如此,船东、货主的好口碑是我们最大的品牌,是我们最宝贵的无形资产。所以我们从20世纪90年代初期就广泛征求货主、用户对港口装卸质量和服务的意见,提出了为货主服务的"三项原则",我们一开始就定位在以诚待人、以信达人,一开始就把我们客户的利益放在第一位,把"货主满意就是青岛港质量工作的标准"作为自己的经营理念。

我们的发展已经证明,诚信为我们赢得了竞争力,赢得了市场,赢得了财富。我们在发展的道路上重道义、讲感情、守信用,为青岛港竖起了以德治企、以诚经营的金字招牌,同时也为青岛港赢得了天下客户、四海宾朋。品牌是在发展中积累起来的,是我们员工在各个环节中自觉自愿地为船东、货主着想,真正把他们当成了自己的"上帝",才有力地吸引了货源,巩固了我们的老客户,并以此开发我们的新用户。这些新观念、新举措,使我们在一次次脱胎换骨式的市场经济洗礼中,促进了港口生产经营从港内到港外、从现场到市场、从计划经济到市场经济的伟大转变。我们的名牌战略,目标就是树立起青岛港自己的形象,青岛港就是做到了货主的困难就是我们的工作重点,货主的要求就是我们的工作目标,货主的满意就是我们的工作标准。

【案例】

之一:答应的千难万难也要做到

2005年12月7日,山东半岛出现了大面积降温天气,威海市遭受了50年不遇的罕见大雪,整个城市滨海岸线出现了千里冰封的壮丽奇观,因为两天来的持续降雪天气,高速公路被迫封闭。当地人称,这是威海市半个世纪以来遇到的极为罕见的一场大雪。当天,我刚刚从北京出差回来,准备赶往威海与威海港签合同,共同合资经营青威集装箱码头有限公司,当时听说由于受大雪的影响高速公路封闭时,有的同志劝我道路难行不要去冒险,威海港的领导也来电话说天气不好可以改天再签合同,可我想,这事早就定好了,再怎么难走我也要去把合同签了。

当天晚上,我就向上级有关交通部门"求情"通路,交通部门的领导在我的再三恳请下,终于同意烟青高速公路特意为我们"放行"。19点左右,我们上路了。在那个静悄悄的夜晚里,只有一辆吉普车在冰雪覆盖的高速路上慢慢地前行,尽管司机技术娴熟,但恶劣的天气还是让我们倒抽了一口凉气,罕见的大雪竟然将整条高速公路全部封得严严实实,公路两侧的积雪最深竟有一米多深,夜色漆黑难行,道路险象环生,车子开始控制不住地在雪地里打滑旋转。直到8日凌晨2时,我们的车才到了威海。

当天上午11点58分,青岛港威海港合资经营的青威集装箱码头有限公司在威海蓝天宾馆隆重签约,当看到我们出现在签约现场时,山东省、威海市的领导都惊讶不已。时任威海市委书记崔曰臣盛赞,这一天创下了三个历史之最,飘下了50年来最大的瑞雪、签下了历史上最好的合同、迎来了世界级大港的最好标杆。

在日趋激烈的市场竞争中,谁拥有口碑,谁就赢得市场;谁赢得了客户,谁就赢得了市场。我们必须要时时讲诚信,事事讲诚信,这样才能诚纳四海。进入21世纪以来,已经有9家世界500强企业落户青岛港。如我们与四国八方强强联合,打造东北亚国际航运中心;与石化巨头全面合作,打造全国最大的原油进口中转基地;与亚洲顶尖医院合作,打造半岛心血管病治疗中心。我们还与东南亚久负盛名的新加坡理工学院合作办学打造中国港航物流人才培养基地,与知名的油脂加工企业山东渤海油脂公司合作大豆临港加工等众多的合作项目,把港口的码头服务优势与国内外跨国公司、大企业、大商社的资源优势紧密结合起来,走出一条适应世界经济全球化的时代潮流、建设国际化强港的发展之路。

之二：客户的需要就是命令

1995年，新汶矿务局向青岛港紧急求助，说一名煤矿工人不慎将一把扳手掉到一批出口煤中，可能随车运到了青岛港。如果运出去，可能损害对方设备，影响货主信誉。但要在6万吨煤堆里找一把扳手无异于大海捞针。可前港公司员工硬是历时一个月，找到了这把扳手。货主当即决定加大与青岛港的货源合同。这个故事后来在前港公司的煤炭货主中被广为传颂。

还有一件事深深地打动了船方，有一条装载1.9万吨水泥的孟加拉国船只，货主在装车时使用了手钩，船方则提出水泥包不能有一个孔，否则全船退货。大港公司得知此事后，立即逐包逐舱检查，更换了3206袋的包装，许多工人的手、胳膊磨出了血，终于将30万包水泥装上了船。水泥货主和船长感激地称赞："青岛港待货主真心实意，青岛港干活我们放心。"

有一件事在国外都产生了很好的影响。在2000年7月初，澳大利亚哈默斯利公司的一纸急函传到了青岛港前港公司，由于该公司的设备故障，在出口我国的13万吨矿粉中混入了矿石块，他们请前港公司在卸船时帮助拣出，以避免损失。前港公司的员工们昼夜盯在现场，将221块矿石全部拣出。哈默斯利公司专程派人到前港公司表示感谢，对青岛港的超值服务给予高度评价。

效率也是品牌

在市场经济条件下,船东、货主越来越重视效率,能节省1小时的在港时间,对船公司和货主而言,都意味着增加了不小的财富。所以,港口发展到一定程度后,我们拼的是平时积攒下来的后劲,是作业的效率。你效率高了,船东货主受益,他们受益就更愿意来青岛港,这样,"青岛港"这个牌子就越来越响。

因此,多年来,货主的需要就是我们的努力方向。港口作为服务性行业,货主最需要的就是我们又好又快的装卸,如何在保证装卸质量的同时,尽可能地提升装卸效率就是我们最需要下苦工夫的地方。我们就是要在装卸同样货物时力争比别人装得更好更快,为货主争取出更多的时间,为我们自己争得更大的市场份额。

在青岛港作业的船舶,无论大小,集装箱作业一律10小时保班。在国际上还没有哪个港口敢说这样的话,为什么?因为这个做到确实很难,但是我们必须做到,只有这样,我们才能吸引船来,我们码头建设的空间越来越小了,我们可以赖以生存的空间越来越小了,这可以理解为自我加压,也可以理解为我们自己给自己套绳索,但是船东货主听到"十小时保班"都很高兴,各船公司都争着来,2003年的时候,我们的"振超效率"诞生了,这是集装箱作业的世界第一效率。以后我们又8次刷新这个效率,极大地提高了港口生产效率。据世界最大航运公司马士基集团统计,青岛港两个集装箱泊位等于日本神户港3个泊位,等于其他港口的4—5个泊位。这是个什么概念?就是说我们不但为船东货主赢得了时间、赢得了效益,也为我们自己赢得了货源、赢得了效益。

目前,青岛港已经开创了装卸作业的"秒时代"。我们一名普通的司磅员,练就的"手脑眼嘴脚"并用的硬功夫,将每辆车的称重时间从36秒缩短到33秒,节省了3秒,这一年算下来就可以多通过上万辆矿石车。集装箱装卸"振超效率"8次打破世界纪录的同时,我们的铁矿石卸船"孙波效率"15次打破世界纪录,一个码头干出了5个码头的活儿。纸浆作业13次打破世界纪录,作业效率是日本港口的2.5倍,也就是说青岛港一个泊位等于日本港口两个半泊位。我们全面提速,为满足客户需求、为青岛港赢得市场创造了最有利的条件,这就为我们青岛港在市场上赢得领先优势。

品牌是一种无形资产,对企业经营发挥着巨大的作用。在成熟的市场环境中,高附加值只存在于品牌之中。拥有并用好品牌这一无形资产就等于掌握了获取超额收益的能力。企业的信誉度、知名度、美誉度同样是企业的无形资产,也就是我们以诚信为本,树精品意识,干精品活,倾心打造的"诚纳四海、效率快港"的内在实质,这不仅蕴涵着极高的知名度和有口皆碑的美誉度，也是青岛港特有的企业文化。我们选择品牌立港，所以带来了品牌效应。诚纳四海，不仅为青岛港的发展争取了充足的资金、先进的技术和管理，为港口争取到长期稳定的货源，而且更拉近了青岛港与世界先进企业之间的距离。

【案例】

保班服务

集集装箱班轮保班率是衡量一个港口服务能力的重要指标。由于集装箱运输干线是远洋运输，受潮汐、风浪等自然因素及挂靠港不同的服务能力、装卸效率等人为因素的影响，有时造成船舶晚班、脱班，直接影响船方、货主的利益。青岛港人给自己制订了近乎苛刻的保班标准：保班率100%；按船公司要求，纠班率100%；货损率为零；船方满意率100%。

按交通部规定，在船舶装卸结束后2个小时内，为整理理货单证、办理货物交接和签证手续的时间。如2小时办不完，船舶不得开航。青岛港的理货"零时间签证"，其核心就在于压缩理货单证完船签证时间，在港口装卸作业结束的同时，完成理货签证工作，将理货签证时间降低至零。这为集装箱班轮提前赢得开航时间，有利于集装箱班轮"保班纠班"，降低班轮的"误班"几率，为船公司带来更多的经济效益和社会效益。"十一五"期间，外理公司共为船方节约租船费超过5000万美元。仅2010年,外理公司实现"零时间签证"13021艘次,共为船方压缩24786小时在港时间,为船方节省费用约1030万美元。

特别是在金融危机中,我们的优势凸显。当众多船公司纷纷削减欧美两大主干线时,不仅在青岛港一条航线不减,反而为我们增加了南美、中东等区域的15条新航线。特别是2008年12月25日,在世界第二大航运公司——地中海载箱1万多箱的"地中海弗朗西斯卡"轮作业中,我们以498自然箱/小时的最新效率第8次刷新了"振超效率",船方在感谢信中由衷地感叹:"事实证明,选择青岛港是正确的!"

练绝活　创品牌

企业品牌是永远不能替代的竞争因素，品牌不是"造"出来的，是干出来的，没有基础的品牌就好比搭建空中楼阁，建设得越宏伟壮观，就越容易倒塌。炒作出来的品牌因为内涵不足，更是经不起市场经济的狂风巨浪。

我们创造条件让员工立足岗位，苦练绝活，做到干什么，学什么，练什么，精什么。我们层层组织员工大教育、大培训、大练兵、大比武，充分发挥广大员工的聪明智慧，开展大劳动，大竞赛，大比拼，轰轰烈烈地开展创建"工人先锋号"活动，人人争先创优、比学赶超，人人都能练绝活、创品牌。在码头能力一定的情况下，要提高我们的客户——船东货主的认可度，就只有从内部挖潜，也就是要让员工人人都苦练绝活，这样做不是为了搞表演，而是实实在在地结合了港口生产实际，提升我们的工作效率、工作质量。练出了绝活，效率上去了，企业干好了，自己首先受益。比如说集装箱作业，桥吊作业快，我们的装卸效率就高，时间就短。若作业中人人都练出绝活、练出品牌，那么集装箱作业的效率、安全就能进一步得到保证，船东货主更愿意来青岛港。这就是我们平时苦练绝活、苦练本领的原因所在。

为此，我们列出装卸纪录、效率的排行榜，定期公布，定期奖励，引导大家苦练绝活、岗位成才，由此开辟了装卸生产"秒"的时代。练绝活、创品牌还为港口培养了一支高素质的人才队伍，我们80%的桥吊司机练就了"显新穿针"、"王啸飞燕"的绝活，涌现出桥吊专家、节电专家、揽货专家等岗位标兵。我们用员工的名字命名员工练出的绝活、创出的纪录，仅集团和公司两级就先后命名了30名"行业专家"和580多个"员工品牌"。"练绝活"说到底还是争一流，是苦练自己的内功，就是在工作中自己和自己较劲，自己突破自己，自己超越自己，员工的绝活也是我们在市场竞争中的砝码，是我们强有力的竞争力。通过练绝活，我们装卸桥吊作业成为世界速度第一，这就是练的结果。同时，员工练出了绝活就以他们的名字命名，这就是员工品牌，员工品牌就是要一听就懂，鼓励员工各项工作都争创一流，这样就能推进青岛港长盛不衰。

现在，我们港口每个行业、专业和工种都涌现出数名乃至数十名领军人物，造就了数以万计的"五好岗位"员工、数以千计的练就一身绝活的专门人才和一大批拔尖创新人才。过去，只会搬搬抬抬的码头工人如今成为了有高技能的"金蓝领"。通过练绝活，创品牌，我们不仅成就了员工，而且使企业的综合竞争力显著增强。

【案例】

青岛港的服务品牌

早在上世纪九十年代,青岛港"氧化铝装卸灌包服务"和集装箱"核心班轮保班服务"就被中国质量管理协会命名为"全国用户满意服务"品牌。之后,我们于1998年4月就发布实施了《关于进一步加强质量名牌管理的意见》,规范和激励港口服务品牌,为货主用户和社会公众带来更多的效益。进入21世纪,青岛港品牌服务又有创新性发展。

原油装卸中转服务:青岛港在进口原油中转中,始终保持了进口原油的"原来原转,不混质,不亏吨"。达到了中转进口原油自然损耗率仅为1‰,远远低于国际通用原油自然损耗率5‰的标准。

氧化铝装卸灌包服务:氧化铝吨袋货,部颁标准误差为±5‰,而青岛港达到±2‰;50公斤袋装货或80公斤袋装货,部颁标准误差为±3‰,青岛港达到±1‰,即±50克。

大件吊装服务:大件玻璃接卸、装箱是一项难度很大的工艺,港方承担的风险较大。山西一家建材厂接到一份出口韩国的包装简陋且散装玻璃的定单。厂家要求卸货时玻璃要垂直,堆码倾斜度不超过5度。为了接下这批新货种,我们调集了精干的工艺调度人员、机械司机、装卸工人,制定了最佳工艺流程,研制了专用工具,选派了专业班组,将这批

750件共1500吨散装玻璃完好无损地装上了船。这是国内首次散装玻璃整船出口。为此，货主送来了写着"创玻璃出口之先，结晋鲁友好之果"的锦旗，表达感激之情。第一载玻璃出口，我们用了40多个小时；第二载用了20多个小时；第三载仅用了10多个小时。

目前，我们广大职工通过在岗位上苦练绝活，已有"装卸运输服务"、"煤炭装卸服务"、"矿石装卸服务"等8项服务被评为"全国用户满意服务"的国家级名牌。

市场检验品牌

世界经济的发展、国与国之间的竞争，归根结底是市场的竞争，而市场的竞争将会给企业带来无限的生机。在日趋激烈的市场竞争中，谁拥有过硬的品牌，谁就赢得了客户，谁就赢得了市场。比如我们的合资合作，仅仅吸引几个钱的话，吃光用光就完了，关键是开发利用市场，扩大市场的占有率，使之有无限的生机、长远的发展。所以，我们在对外商的选择上，要求门当户对，一看实力，二看有没有货源。光有钱，没有货源，我们不选择。我们不仅看中对方的钱，而且更看重技术、货源，我们选择的伙伴要真正的门当户对、真正的强强联合。

在市场竞争中，只有开发不了的思想，没有开发不了的市场。特别是在当今市场经济的激烈竞争中，没有自我加压，就无法进取。市场经济的竞争实际上就是毅力的竞赛。没有毅力，一事无成，更开发不了市场，揽取不了货源。市场竞争，拼的是实力，靠的是后劲。做一次令货主满意的服务并不难，难的是长期为用户提供不厌其烦、不畏其难的优质服务，始终坚持让用户满意，从而留住老用户，争取新用户。港口装卸要受很多条件如天气、设备设施和一些其他主客观因素的影响，我们要做的就是为货主排除一切干扰，也就是说，让货主满意，我们没有任何借口。

　　港口是服务性行业，服务就要做到尽善尽美。我们不论遇到多大的困难，都要设身处地为我们的"上帝"着想和考虑，这个上帝就是天天与我们打交道的船东、货主。在我们眼里，货主和船东的意见永远是对的，我们要尊重客户、尊重货主、尊重船东。有一次，一条油船到达青岛港之后，天突然下起大雨，商检人员担心开罐后原油进水，宣布不能量罐，而厂家急等用油。我们的员工冒险在几十米高的罐子上搭起大篷布，为油罐遮雨，工作人员钻到篷布下取样化验，既保证了原油质量，又节省了用户的时间和费用。厂家对青岛港的服务非常满意，当即决定此后全部货物走青岛港，并且基于对青岛港的高度信任，不再派人来港监督运油。这就是我们做出来的品牌。

　　对货主的服务贵在真心。发自内心的服务融入了感情，倾注了心血，具有极大的感染力和生命力，最容易为用户认同和接受。"用心"光有笑脸是不够的，还要对货主讲感情，关键是将心比心。货主来青岛港本身就是对我们的信任，这份信任需要我们用心去回报。货主就是我们的"衣食父母"，不诚心诚意地为客户服务，就是砸自己的牌子，砸自己的饭碗。在为货主服务的过程中，我们更要注重细节、注重过程、注重延伸服务。只有这样，我们才能牢固树立大服务的观念和意识，才能做精做强做大青岛港。

我认为，市场竞争的核心并不是对抗，而是根据市场的实际、竞争者在市场中的地位、竞争者的态度等建立相应的竞争和合作关系。我们也是借此开创了我们和船公司、其他港口合资合作的模式。许多世界500强企业为什么愿意和我们合作？我觉得就是因为我们以客户为中心，以他们的利益为中心，以客户需要为导向。市场需要什么，我们就研究什么，客户的需要就是我们努力的方向。所以他们才愿意来。因为，21世纪是"竞争力"的世纪，竞争力已经成为企业生存和成长的基础和前提。资源优势、技术优势、人才优势、管理优势最终都会转化为品牌优势。

【案例】

于细微之处见精神

"我们的货只有在青岛港才能得到这么'细心'的照顾，我们放心！"这是货主在前港公司观看卸船作业时的感慨。原来，在装卸船清甲板的过程中，管道下面、甲板的边角处时常存有大量落料，以前只是用扫把清扫，现在前港的作业员工采取了"双管齐下"的措施，先用专门配备的小铲子"铲"，再用小扫把"扫"，这一过程被进港看货的货主看到了，不仅竖起了大拇指。按每吨矿石700-800元，每铁锹30公斤计算，前港公司每为货主清出一铁锹残货，就等于为货主省出25元钱。每条船都能为他们清出上千斤货物，避免了五六千元的经济损失。货主的货被"颗粒归仓",完美的服务被前港公司"打包"回"家"。

无独有偶。在前港流机队的每台装载机上都新配备了小铲子和小扫帚。每当结束一个货种的作业,司机都要下车,将铲斗里面的余料用小铲子和小扫帚清扫得干干净净。一方面保证了货主的货物颗粒仓归,另一方面保证了货种不相混,保证了质量。此前流机队司机在转换作业货种时配备的是铁锹,而今铁锹换成了小铲子有什么不同吗?货主心里最清楚:"用了小铲子,每次清理就要比用铁锹多清出1公斤的余料,照每台车每天转换5个流程作业,就是5公斤,按30台车算一天就是150公斤,一年就是50多吨矿石,一吨矿石五六百元,清出的可都是钱啊"。

广大员工人人都像爱护自己的眼睛、爱护自己的生命一样,珍惜我们的荣誉,爱护我们的形象,力求在服务质量精益求精上做文章,树精品意识,干精品活,把货主的需要当成自己的努力方向,不断提升了青岛港的知名度,把"青岛港"这三个字做成了船东货主眼中的名牌。

第九章
凝聚精神　文化致远

　　企业文化是一个企业不断开拓创新、发展进步的灵魂，是一个企业全体成员的共同信仰、价值观和行为准则。

　　企业文化用一种共同的价值观念与温馨和谐的文化氛围把全体员工凝聚在一起，最大限度地激发和调动员工的积极性与创造性，鼓舞着员工的士气，培育着员工的技能，凝聚着企业的精神，塑造着企业的形象，具有引导、激励、教育、感化、整合、约束、凝聚、辐射等功能，是企业思想政治工作与精神文明建设的有效载体和参与竞争、改革发展的精神支柱，是企业长盛不衰的根本动力。

第九章　凝聚精神　文化致远

打造灵魂工程

人一辈子不可能平平坦坦，企业发展更是坎坷不平。无论是顺境还是逆境，无论是信任还是委屈，受到表扬还是批评，无论是有成绩还是有挫折，怎样才能表里如一、始终如一？关键在于信念，而文化正是蕴育坚定信念的土壤。没有文化，信念就是无本之木、无源之水。没有文化，企业就没有灵魂。

1998年的诺贝尔经济学奖得主阿马蒂亚森说："一个基于个人利益增长而缺乏合作价值观的社会，在文化意义上是没有吸引力的，这样的社会在经济上也是缺乏效率的，以各种形式出现的狭隘的个人利益的增进，不会对我们的福利产生任何好处。社会是如此，企业也是如此。"一个企业的共同价值观来自企业文化的熏陶，企业文化是一个企业的灵魂。我想建设企业文化的目的就在于在企业中倡导一种共同价值高于个体价值、共同协作高于独立单干的集体意识，进而把这种集体高于个人的共同价值观升华为员工的民族意识和爱国意识。

企业文化的核心就是以人为本的价值观，具体来说，就是尊重人、服务人、发展人。尊重人，就是对人平等，关心，理解，宽容；服务人，就是为人提供周到细致的服务，提供各种保护和保障举措；发展人，就是应因人的现实需求和目标需要，实现人的各种权益和利益。这三者恰恰就是作为有思想、有情感的人在社会上生活、生存和发展最需要的。把尊重人、服务人、发展人做到位，做到人的心坎上，就必然让人内生出一种动力，去奋斗、去创造。

我想，对于任何企业来说，如果仅依赖产权、物质利益等方面的纽带是远远不够的，还必须有精神的、道德的东西来支撑和维系，这方面的作用虽然是无形的，但其效力却是巨大的，它的作用在于能极大地增强企业内部的凝聚力和黏合力，正是这种凝聚力和黏合力，才是企业在市场强有力的竞争中立于不败之地的根本动力。因此，构建企业文化，首先必须精心培养企业精神，塑造企业的灵魂，强化企业乃至员工的精神道德纽带。

中国古代思想家提出"藏富于民"的观念。企业文化建设的目的也是要藏富于员工。企业文化就是要让每一名员工都要有一种脱胎换骨的强烈愿望，奋发学习、努力工作、重塑自我。我们需要通过企业文化建设，塑造员工全新的品格。使员工既能够自觉地学习先进的理念，又能发扬我们中国工人阶级的优良传统，在关键时刻能够经受住各种考验和诱惑，政治上合格，各方面过硬。这样的员工个个都是企业的财富。

一个企业应对竞争和危机的积极态度从何而来？员工的积极态度从何而来？就是要通过企业文化的力量来凝聚，也就是让企业全体员工都能找到自己生存和发展的灵魂和力量。

【案例】

青岛港文化的本源

现代经济学认为，在物质高度发展的背后，肯定有着精神因素的强大支撑，比如追求、价值观等等。没有精神因素的支撑，发展就不会是持续发展。作为青岛港同样如此。在我们的发展实践中，背后蕴涵着的正是青岛港精神的强大力量。一个企业的共同价值观来自于企业文化的熏陶，企业文化是一个企业的灵魂，是企业变革的原动力，更是企业基业长青的关键力量。

为什么青岛港能够一直践行"三大使命"、"三个一代人精神"？为什么青岛港人永远讲信念、讲感情、讲珍惜、讲奉献？为什么青岛港总是干就干一流、争就争第一？为什么青岛港从1995年树为标杆到现在十多年来一直旗帜高高飘扬、永不褪色？为什么我们的领导班子永远充满激情、永远不知疲倦、永远执着进取？为什么在计划经济向市场经济转轨的过程中，青岛港能够一直把准航向，一往无前？世界上从来没有无源之水、无本之木，青岛港今天的所有辉煌必然有着它的源头、它的根基，也就是青岛港文化的本源，是我们最为强大的内生动力。

我们认为，革命理想不高于天，私欲就会高于天，金钱就会高于天，地位就会高于天，我们的事业就会一败涂地。

是党培养教育了我们，是党信任选拔了我们，所以我们怎么干都觉得不够，怎么干都应该。所以我们认定能为国家干活出力是难得的机会，能为员工干好事、干成事是我们一生的福气。我们始终不渝坚信共产党的领导，坚定地追求社会主义事业，无论是在政治风波面前，还是在港口发展的顺境逆境中，都是忠于党，忠于国家；相信党，相信国家，始终把握住了港口发展的政治方向。

1988年新的领导体制改革时，我们面对的是一个百废待兴的百年老港和16000名素质亟待提高的码头工人：港口发展速度缓慢，吞吐量多年徘徊不前；老码头技术设施陈旧，布局不合理，码头状况恶化；港口经营范围狭窄，港口的多功能优势远远没有发挥出来；港口在社会上处于落后被动的地位，处处受人支配，安全质量事故不断；员工收入不高、生活水平上不去，甚至连奖金都发不出；77%的码头工人是初中以下文化水平。如何破除多年来形成的旧体制和传统思想观念的束缚，如何加快港口改革发展，当时并没有现成的答案，摆在我们面前的是一个崭新的课题。但是我们坚信共产党领导下的国有企业一定能搞好，我们注意从邓小平理论中找答案，运用马克思主义立场、观点和方法，有的放矢地来解决港口改革发展中遇到的实际问题，在迷惑中逐步找到了不惟书、不惟上、只惟实的前进方向。确立了青岛港"坚持党的基本路线，坚持一切从实际出发，把青岛港自己的事情办得更好"的总指导思想以及检验发展的四条标准："对国家的贡献是否越来越大；港口的发展后劲和竞争实力是否越来越强；员工生活水平是否越来越高；精神文明建设是否越来越好。"

1989春夏之交，我担任局长不到一年，我们的班子迎来了一场特殊的考验。在那场政治风波中，正是我们凭着对党的无比忠诚，和对党的事业的坚定信念，在关键时刻果断提出了"三个基本观点"和"三个一心一意"，即一切听党中央和省、市委指挥，安定团结是11亿人的根本利益，生产活动是人类最根本的活动和一心一意干四化，一心一意抓好港口安全生产，一心一意为员工服务。不仅全港员工人心稳定，而且港口生产稳定有序，还提前11天实现了上半年的生产任务，受到了青岛市委、市政府的充分肯定和表扬。这场考验见证了我们坚定的政治信仰。在青岛港二十余年的跨越发展中，这种坚定的政治信念始终伴随着我们，手把红旗，乘风破浪，并且历久弥坚。

青岛港的发展，不单纯是一个经济问题，更是一个政治问题。关系到党和国家的决策，关系到中国国有企业发展的形象。所以，我们提出并努力践行了"三个一代人"的青岛港精神。青岛港精神强调："一代人要有一代人的作为，一代人要有一代人的贡献，一代人要有一代人的牺牲。"

首先我们要让青岛港精神成为我们的群体精神，一代一代的群体，一批一批的群体，生生不息、源远流长；同时要让青岛港精神反映实干精神，也就是我们提倡的是干事创业，提倡的是岗位作为；三是青岛港精神要凸显奉献精神，包括干部群体的奉献，工人群体的奉献。因为在我们的人生信条里,国家至上、社会至上、员工至上。我们认为青岛港作为国企,是国家的长子,就要为国家多做贡献,为国家分忧解难。作为青岛港的领导,要有所作为,上对国家负责,下让员工满意,自己终生无悔,就必须付出超人的代价,就必须作出必要的牺牲。

  港口的企业文化建设归根结底就是要带领全港上下始终做到听党话、跟党走、报党恩;一个信仰、一个声音、一个劲头。做人做事,不仅始终坚守精神高地,高扬"八大精神",而且始终坚守马克思主义的认识论、方法论,当好共和国长子,祖国母亲孝子,社会中流砥柱。就是始终保持实事求是、求真务实、真抓实干的作风;始终保持普通一兵、以人为本、为民造福的情怀;始终保持逆境发展、竞争前进、斗争取胜的锐气。就是始终保持和发扬党的优良传统、工人阶级的优良传统、国有企业的优良传统,在改革开放的新时期,解放思想、科学发展,与时俱进、大胆创新。无论是顺境还是逆境,我们就是要把青岛港自己的事情办得更好,依靠文化把全港上下团结在一起、凝聚在一起、战斗在一起,战胜一切艰难险阻,夺取更大胜利。

第九章 凝聚精神 文化致远

塑就企业的性格

企业文化好比一个人的性格。性格决定命运,有什么样的企业文化就决定了企业靠什么生存,怎么去发展,是靠坑蒙拐骗,还是靠诚实劳动,都取决于自己的性格,取决于自己的价值观和发展观。作为青岛港来讲,我们的企业文化就是"一代人要有一代人的作为,一代人要有一代人的贡献,一代人要有一代人的牺牲"的"三个一代人"精神和精忠报国、服务社会、造福员工的"三大使命",这就是青岛港的性格,我们的性格决定了自己的命运。因此,建设一个企业的文化,也好比塑造一个人的性格,是一项长期、持久的工程。不仅是洗心革面,而且还要不断地"洗心"、"革面",再"洗心"、再"革面"。

性格的形成与基因有很大关系。国有企业的性质决定了我们先天的基因,我们必须"精忠报国,服务社会,造福员工"。青岛港老码头工人的传统是我们的遗传因素,自强不息、艰苦奋斗是工人阶级的本色。我们就是要"作为"、"贡献"和"牺牲"。现在有些人看着这些字眼感到老土,可是如果我们不讲这些,把企业搞垮了,员工下岗了,我想到那时大家看着就不是老土了，而是触目惊心，最终彻底寒心。

因此，我们始终坚持革命理想高于天，理直气壮讲奉献，坚信国有企业一定能搞好，在青岛港牢固树立建设世界强港的奋斗目标，"建设东北亚国际航运中心，营造平安和谐幸福家园"的共同愿景，坚持弘扬中国优秀文化，建设广大员工共有精神家园。培育红色文化，不怕苦，不怕死，艰苦创业，奋发图强；培育忠孝文化，爱党报国，敬业奉献，上尊下爱，诚纳四海；培育乡土文化，重品德，讲情义，纯朴实在，吃苦耐劳；培育时代文化，求真务实，竞争创新，节约环保，和谐共享。通过高目标、高起点地积极建设青岛港特色企业文化，为港口发展提供了强有力的思想、信念和文化保证。

而且，有什么样的企业文化，就有什么样的境界，什么样的选择，什么样的标准。我们的文化决定了青岛港人就是"革命理想高于天，理直气壮讲奉献"。这就是我们的境界、选择和标准。有人说我们的文化落伍了，但青岛港的发展上去了；有人笑话我们的文化土，但20多年来没把一名员工推向社会。就算是我们土，但我们没给国有企业丢脸，没给国家丢脸。

现如今，攀比钱的多，比工作、比业绩的少；重过程的少，看结果的多。先模人物在当今社会不吃香，不是被人崇敬，而是被讽刺，甚至被贬低，这些现象的存在往往会混淆视听。这无论是对我们的事业还是个人的前途命运，都是有百害而无一利的。有几个长盛不衰的企业是投机投出来的，有几个成功人士不是台上一分钟、台下十年功，不要光眼看着别人的风光、眼盯着别人的钱袋，而要看看别人吃苦、受累、打拼的过程。青岛港的文化就是要让每名员工都潜移默化地形成共同的讲信念、讲感情、讲珍惜、讲奉献的性格特征，都自觉自愿地把自己的命运和港口的命运、国家的命运紧密联系在一起。

【案例】

树立社会主义企业价值观

国有企业只有树立正确的企业价值观，弘扬先进的企业精神，才能把社会主义核心价值体系建设好。为此，我们以培育有青岛港特色的企业精神为切入点，大力弘扬国有企业的思想政治优势，建设具有中国特色的社会主义港口文化。

我们坚持用先进的思想引领人。青岛港始终坚持革命理想高于天，理直气壮讲奉献，在全港牢固树立建设世界强港的奋斗目标。同时，坚持弘扬中国优秀文化，积极建设青岛港特色企业文化，建设广大员工共有精神家园，为港口发展提供了强有力的思想、信念和文化保证。

其中，共同愿景至关重要，能够凝心聚智，把员工的个人理想、目标聚焦成企业的统一愿景，并由此产生强大的学习、创造和实践能力。为此，我们通过自下而上、层层讨论的方式，确定了"建设东北亚国际航运中心，营造平安和谐幸福家园"的共同愿景，并注重引导不同层次、不同岗位、不同文化、不同年龄的员工规划好行之有效的个人愿景，使之与班组、科队、公司的愿景趋于一致。通过年年开展的主题思想教育，通过开展弘扬"振超精神"、争当时代先锋，献"金点子"等活动，实施"首席岗位"、"员工服务品牌"和"先进操作法"评聘命名以及编撰、宣贯《青岛港员工文化手册》等方式，让员工自觉地把自己的命运与国家的命运、港口的命运紧密相连，并促使员工心同此愿、志同此向，全港呈现出处处是学习之所、时时是学习之机、团结凝聚文明向上的良好局面。

我们坚持用"先进标杆"启迪人。注重标杆培育，每年坚持从党员、干部和员工中选树一批先进典型，组成报告团，让有理想的人讲理想，有道德的人讲道德，让身边人讲身边事，用身边事教育身边人，在集团开展层层宣讲。注重先进引领，学习许振超、徐万年、皮进军等身边的典型，采取以事论理的"零距离"教育，大家普遍感到：先模事迹可亲、可信、可学、愿意学。员工对照标杆，心中立德、行为立志、岗位立标，干就干一流、争就争第一。

我们坚持用"四种力量"凝聚人。多年来，青岛港全心全意依靠员工，坚持用真理的力量启迪人心，用人格的力量激励人心，用情感的力量温暖人心，用民主的力量凝聚人心，激发广大员工扎根海港、当家作主。特别是着力加强政治素质好、经营业绩好、团结协作好、作风形象好的四好领导班子建设，坚持用真理的力量启迪人心，加强党性教育和理想使命教育，培养各级领导的共产党人之德，驾驭市场经济之才；坚持用人格的力量激励人心，以身作则，率先垂范，让员工"向我学习，向我看齐"，做到一名领导就是一面旗帜；坚持用情感的力量温暖人心，始终把员工尊为上帝，作为兄弟姊妹，把离退休老同志当作自己的老人孝敬，把员工子女当作自己的后代培养，使青岛港成为一个充满亲情、人气旺盛的和谐大家庭；坚持用民主的力量凝聚人心，畅通星期六、星期天接待员工日，"冬练三九、夏练三伏"劳动调研等20条民主管理渠道，让员工在青岛港有家可当，有主可作。经中央批准，2006年12月4日，中共中央组织部、国务院国资委党委联合授予青岛港"全国国有企业创建'四好'领导班子先进集体"荣誉称号。

我们坚持用感悟历史激励人。大力发扬青岛港国有企业的政治优势，坚持以社会主义核心价值体系为导向，牢记"精忠报国、服务社会、造福员工"三大使命，以青岛港企业文化为载体，每年开展主题思想教育活动，以宣讲会、报告会、企业文化培训、主题班会等多种形式，近年来开展了纪念改革开放30周年专题教育、庆祝建党90周年系列活动，组织员工人人我说"十一五"，引导广大员工人人算好成长帐、幸福帐、发展帐，爱党报国、扎根海港、爱岗敬业，坚信国有企业一定能搞好，自觉把个人命运与港口命运、国家命运紧密联系在一起。

要让企业文化像空气一样无所不在

企业文化之所以能积极地提升一个企业的核心竞争力,就在于优秀的企业文化能够对企业日常的运行起到指引作用。企业文化是与企业的发展战略紧密相连的,强调以企业文化提升企业的核心竞争力是要求企业文化要服务于企业的发展战略,正是在企业发展战略的指导下,提炼出企业发展所需要的文化,并将这样的文化内化于员工之心,积极主动地践行于员工的日常工作行为,从而一方面降低管理成本,提高管理效率;另一方面通过企业文化建设实现企业的发展战略。

企业文化建设不是搞装潢,也不是盖楼房,我们要做的是打地基,地基夯实了,楼房才能盖得结实,盖得高大,遇上个七八级地震也能纹丝不动。因此,企业文化必须要深入人心,必须要像空气一样无所不在,即使看不见、摸不到,却时刻在渗透,让身处在这个环境中的人感受到,自觉、不自觉地接受,潜移默化地转变人的观念。人离了空气不能活是谁都知道的道理。

因为企业文化建设不单纯是说教,而是需要多种形式。

多种形式可以让员工喜闻乐见。给员工创造学习时间，让大家自编自演小品小节目，写写自己的生活、思想、乐趣，通过多种形式自娱自乐，寓教于乐；也可以抓典型，用身边的人讲身边的事，用身边的事教育身边的人，让大家都登台讲，这些办法都很好，我们都要推广，就是要造成一种既有统一思想又有个人心情舒畅的局面。

正像我们学外语，不在于死记硬背单词和语法，关键在于有一个听说外语的氛围。否则即使考了满分的外语没准也是哑巴外语。同样，企业文化建设不单纯是标语、口号、制度、考核，更不是光唱唱歌、跳跳舞就能把大家团结了。而是把企业文化建设这一企业管理的"人文"力量融汇到现代企业经营管理之中，从而创造企业的活力与合力，最大限度地使企业的各种生产要素得到最佳组合，创造最佳效益，推动企业持续、健康、稳定发展。

文化的约束，就是教育的约束。思想政治工作是国有企业的优势所在，也是企业文化建设的有效途径。员工需要思想政治工作，但需要的不是没有针对性、实效性的思想政治工作，需要的是面对面、心交心、心平气和、以事论理的思想政治工作。因此，企业文化建设要像空气一样无处不在，就是要贯穿企业发展始终，要惠及员工终生、惠及员工家庭，所以无论是在广大的青年、团员、知识分子和农民工队伍当中，还是在离退休老同志、员工家属当中，我们都通过加强企业文化建设，使我们的价值取向和思想目标追求能够取得高度一致，能得到最广泛的支持。

【案例】

企业文化，企业家引导是关键

人一辈子不可能平平坦坦，企业发展也会是坎坷不平。无论是顺境还是逆境，无论是信任还是委屈，无论是受到表扬还是批评，无论是有成绩还是受挫折，怎样才能表里如一、始终如一？关键在以信念为核心的企业文化。没有文化，企业就没有灵魂。

我感到，企业文化首先是企业家文化。好的氛围还是领导者带出来的。国有企业的优良传统什么时候都不能丢，共产党人艰苦奋斗的作风不能丢，丢了这些好传统，我们拿什么干事创业，员工凭什么跟着你拼命。有个谚语说，一头狮子如果带领一群绵羊，久而久之，这群绵羊就会变成"狮子"。如果一头绵羊带领一群狮子，久而久之，这群狮子就会变成一群"绵羊"。这话听起来有点夸张，但是说明了领导者的关键作用。因此，我们企业家的精神状态、思维、形象，对于企业都将起到表率作用、导向作用。所以，作为受党和国家培养多年的国有企业负责人，必须永葆劳动人民的本色、永葆硬骨头精神、永葆表里如一的面孔，知道当一把手是为什么，要干什么，不该干什么，正确处理好国家、企业和个人的三者利益关系，始终做到"三前三后"，即吃苦在前，享受在后；上班在前，下班在后；冲锋在前，评功在后。

也就是说干国企首先要有一个信念,就是不能讲个人私心。国企领导遇到困难要先为国家考虑、为员工考虑、为用户考虑,公私要分明,好坏要分清,离开这条肯定是一事无成。在实际工作中,领导干部首先要一身正气,坦坦荡荡,敢于说向我学习、向我看齐,坚持在工作上向高标准看齐,在生活上向低标准看齐。

国企领导要时刻保持普通一兵的本色,吃苦耐劳,艰苦创业。我们不建集团办公楼,为员工建候工室,把员工的事情都办好。我们在日常的工作中就是体现了同甘共苦、自强不息。辛苦是小事,为员工造福是大事。只有这样,领导干部在员工当中才有威信,才能赢得员工的信任。

另外,国企领导还应该敢抓敢管,敢于负责。有了成绩归功于党、归功于员工,有了问题要自我反省。特别是平常抓管理就不能怕事,不能怕难。尽管抓得紧的确得罪了一些人,也受了一些罪,1991年7月19日,一场台风突袭青岛,当时保守的说法是14级,虽然港口提前采取了很多措施,但是14级的台风还是把港口仅有的两台桥吊刮倒了。这两台桥吊是我们港口的宝贝疙瘩,没有了桥吊港口生产就陷入了困境,就是这么明明白白的天灾事故,我们各级领导明明都在抗灾的第一线,还是有些人利用这个机会写匿名信给上级告状。上级领导派出调查组来到港口调查,正因为我们走得正、做得直,无私无畏,最后调查组得出了结论:青岛港的工作做得全面,内容详实,对青岛港的工作高度表扬。经过了一个多月的努力,我们在原来倒下两台桥吊的地方又竖起了四台桥吊！当年我们圆满完成生产任务，上级领导专门为我们召开表彰会，表彰鼓励我们。所以，干国企首先要自己走得正、做得直，不怕事！

干国企不怕难还体现在不怕死上。1989年8月12日，青岛黄岛油库大火，五天四夜，我带领3000多名员工现场支援救火，烈焰滚滚、原油四溅，关键时当领导的就要冲在前面！1993年一条油船在海上自爆起火，直接威胁着青岛港的码头，我们第一时间冲上去灭火，一次次与死神搏斗，大火当前不能胆怯，面对一次次生死考验，我们无所畏惧，为什么？在国企这个位置上就是要有不打折、不动摇、不懈怠的坚定信念，才能百折不挠、锲而不舍、一往无前！

正是20余年的坚守和不懈，我们的领导班子才赢得了员工的信任和尊重，把青岛港建成了幸福的家园、精神的高地。

第九章 凝聚精神 文化致远

企业长盛不衰的根本动力

古人讲立德、立功、立言。所谓立德，就是在道德上一定要达到很高的境界，要保持、发扬一些好的美德。所谓立功，就是做事，一定要做点事业，现在每个人都有一个岗位，这个岗位就是事业的平台，它不是别的，不是待遇的平台，当然与待遇是挂钩的，主要是干事业的平台。让你干什么？让你创业，让你干活。立功就是干事创业的意思，立功就是做事。所谓立言，就是一些理念、一些想法能够成立，能够留下来，能够发挥作用、发生影响。

干事创业需要同舟共济，同心同德，形成你离不开我，我也离不开你，领导离不开群众，群众离不开领导的局面。只有这样，我们才能不仅在形势好的情况下同心同德，而且在困难的时候大家也能同舟共济。在青岛港，今后仍然是要以整体优势，促进整体发展，使港口保持长盛不衰。如果大家离心离德，片面地夸大个人的作用，夸大本单位的作用，都是不可取的。

什么样的软环境，不仅事关企业形象，而且事关人心向背，不仅事关当前，而且事关长远。当前金融海啸的特殊时期，对于企业来讲，挑战的确前所未有，但机遇同样前所未有，因此比任何时候都更需要一个良好的干事创业的环境，以此对内凝聚人心，对外树好形象，形成推动科学发展的强大合力。

众所周知，无论中外，追求企业长盛不衰是每一个有理想、有抱负企业家的共同追求，也是经济社会发展的客观需要。综观全球，基业长青的企业通常是那些世界级企业，是那些构成现代商业社会中坚力量的企业。这些企业扎根于一套永恒的核心价值观，为利益之外的追求而生存，并能以内生的力量不断地自我更新，因而长盛不衰。

特别对于中国企业来说，在从社会主义计划经济向社会主义市场经济迈进的过程中，在融入经济全球化、走向国际市场大舞台的角色中，如何找寻到自己的经营发展之道、长盛不衰之道，在成就企业辉煌的同时，成为社会发展的中流砥柱，意义重大。

对于青岛港而言，在几十年的发展进程中，由小变大、由弱变强、由默默无闻变成世界瞩目，引领了中国国有企业科学发展的方向，成为中国国有企业的标杆、科学发展的楷模，其决定性因素就是我们始终坚持"一切从实际出发，把青岛港自己的事情办得更好"的指导思想，遵循"对国家的贡献要越来越大，港口发展后劲和竞争实力要越来越强，员工生活质量要越来越高，精神文明建设要越来越好"的工作标准，发扬"一代人要有一代人的作为，一代人要有一代人的贡献，一代人要有一代人的牺牲"的青岛港精神，践行"精忠报国、服务社会、造福员工"三大使命和"信念、感情、珍惜、奉献"的核心价值观。这一切，是我们港口发展中深层的、起主导作用的力量，是我们一切活动的中枢系统，它决定了我们追求什么、崇尚什么、以什么为荣、以什么为耻；怎样工作、怎样生活，为什么创业、怎样创业等等一系列关乎世界观、人生观、价值观、生存观和荣辱观的企业生存哲学，它是我们青岛港的行动纲领和行为规范，决定了我们的胸怀和境界，决定了我们的战略决策和管理模式，也决定了我们广大干部员工的作为和地位，更决定了青岛港事业发展的高度、广度和持久度。

因此，我们格外重视企业文化建设，把企业文化内化于心、外化于行、固化于制，渗透到企业管理的方方面面当中，几十年的持之以恒，我们已经欣喜地看到了它所形成的智力、凝聚力和创造力，它是我们企业宝贵的无形资产，是我们应对各种风险挑战、实现长盛不衰的根本动力。我们以无数的事实证明，在科学发展观的指引下，共产党可以领导好国有企业，国有企业振兴大有希望。

【案例】

激发内生动力

在青岛港企业文化的引领下，全港上下坚持活是给自己干的、不是给别人看的，想实的、干实的，人人创新、岗岗创新、零距离创新，把"不可能"变成"可能"。如我们全局一盘棋，通过内贸箱西移、外贸箱南移，移出了集装箱发展的新天地，2011年上半年国际中转、内贸箱增长双双超过50%；调整老港区45、46泊位功能，调出了老港区发展的新空间。我们大兵团作战，集中全港优势干矿石；我们向能力要效益，铁路线技改"一号工程"投产不到一年完成矿石接卸500万吨。我们以信息化升级战掀起港口管理方式、生产方式的根本变革。我们的装卸公司勇立港口发展的前沿阵地，装卸主业齐头并进、逆势大上；我们关联产业"造血"功能大上，重点领域实现跨越发展。

同时，人人立足本职苦干、巧干、拼命干，创新智慧充分涌流，创新成果层出不穷。我们前港公司通过4号装车机自动翻板改造每年可减少员工手工扒载4万多吨，通过K1机房技术改造实现了"皮带自动扫、落料入溜槽、不用人和锹、处处安全文明"。大港公司的粮食料斗自动市提线解决了粮食市提船只能靠泊5区的难题，同时全部自动化作业将市提效率由原来每车8分钟提高到5分钟。通过老旧清扫车改造成吸尘车，节约成本近60万元。通过舱内冻鱼输送带代替人工舱内水平搬运，提高工效3倍。物流公司闯出揽箱造箱发展的新路子，正式运作国际贸易业务。关联产业中的港机厂通过四连杆式海工修造船门机研制创造产值4350万元。供电公司通过港区供电监控系统集中统一改造，实现新老港区29座变电所集中管理，缩编49人。公安局通过新老港区110指挥中心合并改造、功能升级，将24名值机人员减少到12名，实现四大港区全动态安全防范管理控制，成为全国交通公安系统信息化建设典范。

文化这股内生的动力让广大干部员工自己解放自己，自己提升自己，人人贡献聪明才智，人人享受创新成果。广大员工人人苦练绝活，把技术练成了艺术，赶超"秒时代"，创造"毫米空间"。大港公司王海青等员工创造的散货大袋灌包作业防挤手器实现了人机分离。前港公司"锡洪金睛"在卸矿清舱中，实现了无刮痕作业。油港公司周民耀等员工创造的油罐浮舱检查器让员工从进浮舱检查中解放出来，确保了员工健康和安全检查。西联公司"立林爱车"把门机当成自己的身体，机容机貌达标创优，设备性能、能耗指数样样最佳。生服中心李殿信等员工自行设计制作轮胎压胎机，把原先要4个人1小时干的活缩减到2个人10分钟，推广到集团10多个单位。港机厂"龙成装配"创造的等压式快速充气接头提高工效3倍多。

我们这个百年老港收获了坚守20余年社会主义核心价值观的丰硕成果，焕发出越来越旺盛的活力，正以中国特色社会主义的精神风貌迈向世界创新强港。

第十章
共创和谐　和合共生

和谐是世界的本质，是包容性增长的根基，共创和谐是全人类的共同愿景，是中华民族多少代人不懈奋斗的目标，是企业家的神圣使命。共创和谐，才能实现企业长盛不衰，才能使我们员工生活得更加幸福、更有尊严，进而推动整个社会更加繁荣，国家更加富强，人类更加文明和进步。

当前，在全球经济一体化和后金融危机时代，面向未来，任何一个国家、任何一个企业都不能独善其身，共创和谐是把握未来的最高境界。如今中国的发展引起世界的瞩目，不仅改变了我们中国人自己的命运，而且也正在改变着世界发展的进程。作为中国企业，特别是大企业不仅仅是经济实体，更重要的代表国家的形象，民族的尊严，是人类社会财富和精神文明的发源地，我们应当把"和谐管理"作为企业管理最高境界，义不容辞地把创造和谐上升到企业发展的战略高度全面规划、付诸实施，带领我们的企业精忠报国、服务社会、造福员工。

第十章 共创和谐 和合共生

家和万事兴

　　社会主义和谐社会建设，我们国有企业责无旁贷。没有国家繁荣、稳定的和谐氛围，哪会有我们企业的发展和个人的幸福。我们加强企业和谐建设就是促进和谐社会建设，社会环境更和谐了，我们才会有更好的发展氛围。所以说，国家的事就是我们自己的事，员工的事就是我们自己的事，这是最简单、最朴素的道理。社会主义国有企业领导干部的责任，不单纯是领着员工干活，还要考虑员工的前途、命运，要对员工家庭负责。我们就是要把能凝聚的人心都凝聚起来，能团结的力量都团结起来。

　　所以，进了青岛港的门就是我们自家的人，我们对待所有的人都要一视同仁，一包到底，能帮助一个就帮助一个，能培养一个就培养一个，能发家一个就发家一个。虽然我们的力量有限，但改变一个员工就是改变一大家人，特别对于农民工就是改变他们几代人面朝黄土背朝天的命运，我们每帮助一个都是帮国家解决一个困难，帮社会增进一份和谐力量，这种力量积少成多就会成为振兴国家、民族复兴的重要支柱。

　　这种力量让我们青岛港在顺利的时候快速发展，困难的时候也能逆流而上。可以说没有了和谐，我们就一事无成。我们通过和谐，凝聚人心，团结人心，把和谐管理渗透到港口工作、生活中，渗透到各单位的各项工作中去。我们说话有人听，办事有人帮，我们说的事，员工去做，我们不说的事，员工也主动去做，我们的工作才取得了这样的成绩。

这让我们体会到，干企业和住家过日子一样，企业就是一个亲情融融的大家庭。大家心齐，这个家就过得红火，领导关心部下、部下关心企业，互相支持，这个企业就能办好。每个员工都要把企业当成自己的家，都能够爱家、建家，和谐是干好企业的第一条，是最基本的。

和谐，决不仅仅是关起门来办好自己的事，作为国有企业，我们更要让老百姓对国有企业充满信心，就是要证明、要告诉大家在科学发展观的指引下，共产党可以领导好国有企业，国有企业一定能干好，国有企业振兴大有希望。所以干国企自己千难万难，也要为国家和社会排忧解难。比如奥帆赛前浒苔来了，什么事也不干了，我们先战浒苔；汶川地震发生了，我们捐款；北京奥运会召开了，我们一切服从。国有企业就是要以党的利益、国家的利益、港口的利益为重，这就是真理。我们考虑问题更要能够从国家、民族的长远利益出发，从社会的广泛角度出发，只有这样，我们的视野才更开阔，办事情的境界才会有更大的提升，我们的事情才会办得更好，更得人心，才能经得起历史的检验，经得起群众的检验，经得起组织的检验，真正担负好精忠报国、服务社会、造福员工的神圣使命。

【案例】

真心实意爱员工

我们坚持用真理的力量启迪人心，用人格的力量激励人心，用情感的力量温暖人心，用民主的力量凝聚人心，真心实意爱员工，广大员工扎根海港、当家作主。

一是要尊重。就要真正把员工当家人，把员工的事当家事，让员工当家作主，各项工作与员工商量着干，研究着干，把员工"拥护不拥护，赞成不赞成，高兴不高兴，答应不答应"作为想问题、办事情、作决策的最高标准，让广大员工说话有人听，办事有人管。几十年来，我们努力搭建让员工参与管理、参与决策的平台。在强化以职代会为主渠道的民主公开中，我们做到"抓好中间，延伸两头"。每次会议召开前，都要认真征集员工的意见建议，召开团（组）长联席会议，讨论提交职代会审议的各项报告。每次会议结束后，都对员工提案的答复落实情况进行跟踪，2011年上半年职代会征集的726件提案，件件有答复，事事有回音。我们还专门制定了《职工代表大会优秀提案评比办法》，对员工的优秀提案给予表彰奖励。同时我们坚持民主审议，对需要决策事项提交职工代表讨论表决；坚持项目上榜，职工代表通过之后，决策事项张榜公布，广泛征求员工的意见和建议，确保人人明白；坚持定向问责，所有决策项目明确责任部门和责任人，全面负责，奖惩兑现；坚持过程控制，员工代表全程监督项目实施，并随时根据员工意见和建议进行调整；坚持细节透明，动态公布项目实施的每个环节、投入产出等具体内容，确保阳光操作；坚持结果公开，每个项目完成后都要评估绩效，开展满意度测评，查找不足、总结经验、持续改进、追求卓越。通过发挥广大员工群众民主决策、民主管理的作用，让人人都有话语权，都能参政议政。集团出台有关规定时，广泛征求全体员工的意见。如我们23年来33次为员工长工资，次次都要听取每名员工的意见。其中，我们还民主选举了65名农民工代表参加集团每年两次的职代会，共商发展大计、参与港口决策。

我们还大力畅通"20条渠道"，搭建让员工说话、为员工办事的平台。我们把员工的信任和建议当成最大的财富，不遗余力搭建各种平台，20多年来逐步形成了每年召开两次职代会、民主评议领导、员工接待日、队务管理十公开等20条民主管理渠道，全面搭建党群、干群的沟通桥梁，及时掌握员工动态。职代会闭会期间，我们定期组织召开民主恳谈会、形势通报会、绩效分析会和强港论坛，保障员工的参与权，鼓励员工奉献"金点子"，对于广大员工提出的"金点子"、创造的科技成果件件给肯定、件件有奖励。其中针对一员工提出的为董家口港区购置6艘大马力拖轮的建议，我们研究后立即采纳，投入2.7亿元进行落实。

二是要关心。我们23年如一日，领导干部"冬练三九"、"夏练三伏"深入一线与员工同吃同住同劳动，坚持节假日走访，体会员工冷暖疾苦，千方百计为员工解决后顾之忧。坚持不买小车给员工买班车，不装修办公楼给员工装修候工楼、改造宿舍楼，员工都住进了"五星级"的候工楼。特别是针对农民兄弟的需求，在基层队设立免费的"亲情话吧"，方便农民兄弟与家乡亲人联系；安排600多名农民工家属到港口从事后勤工作；专门为农民工设立"温馨房"，方便家属探亲。为坚持春节生产的农民工把节日物品送回家乡，发放春节聚餐补贴组织节日聚会，节后专门发车让农民工分批回家探亲。

三是要呵护。我们全集团没有领导和员工的区别，就连吃饭也是领导和员工一个食堂。没有正式工和农民工的区别，大家一个工资单子领工资，同工同酬；年年为员工提高工资，即使在金融危机的严峻形势下，为包括农民工在内的所有员工保岗位，而且保收入，其中2009年全体员工工资收入同比增加4%，农民工收入却同比增加13%。我们坚持保障全体员工的合法权益，除每月为全体员工缴纳五项社会保险（基本养老保险、工伤保险、医疗保险、生育保险、失业保险）以外，为员工设立全勤激励奖、积累贡献奖、合同制津贴、住房补贴等。2010年以来还针对冬、夏两季天气的异常情况，为装卸一线员工发放严寒补贴和夏季高温补贴。坚持年年为全体员工发放节日物品、生日蛋糕，免费提供班中餐，落实带薪休假，组织健康查体等实事。

"要想一滴水不干，唯一的方法就是把它放到大海里去"。同样，如果员工都在为我们港口的发展出主意、想办法，那么我们国企这个"工头"就好干了。我们认为,只有我们坚持"员工的事再小也是大事、再难也要办好",才能赢得广大员工"港口的事再小也是大事、再难也要办好","港口给我一份情,我还港口十分爱"的自觉回应。我们和员工就是要将心比心、以心换心,这样我们才能心往一处想、劲往一处使,人人都像住家过日子一样说主人话,干主人活,负主人责,共同把我们的海港大家庭建设好、发展好。

第十章 共创和谐 和合共生

得道多助 失道寡助

美国人伦斯·米勒认为，在目前这个时代，下属不会盲目跟随某人，一个人也不可能与任何机构永远拴在一起。要想把人都凝聚在一起，必须要具备让人跟随的力量。卓越的企业家就是有办法领导一群从事创造的人。凝聚力首先就是领导干部有让员工跟随的力量。在青岛港，这种跟随的力量就是真理的力量、人格的力量、情感的力量、民主的力量。

得道多助，失道寡助。只有真理才具有吸引人、凝聚人、鼓舞人的力量。真理反映事物的规律，引导人们沿着正确的方向实践，因而信服和追求真理是理所当然的事情。所以和谐的力量首先来源于正义的事业，是符合党心、符合民心的事业，就是符合国家利益、社会利益、员工利益的事业。也正是由于我们坚信在党的领导下，国有企业一定能够搞好，也必须搞好，以正确的政治方向和坚强的政治执行力扫清了发展上的一切障碍和干扰，用行动有力地回答了国有企业应当"为谁扛枪，为谁打仗"的根本性问题，从而得到上上下下的支持。

认识真理往往要经历艰难曲折的过程，宣传真理的人更要带头实践真理。世界上什么力量最动人？那就是人格的力量。世界上什么力量最永恒？还是人格的力量。一个人死后，靠什么在他的肉体消亡之后还能让人肃然起敬？靠什么能穿越变迁的时代，非但不朽，而且长青？我觉得不是靠权力，也不是靠财富，靠的是人格的力量。因此，一个成功的企业家要善于用人格的力量去激励人心，把企业的员工都团结在一起，形成干事创业的大好局面。

领导者必须具备的条件就是正直，这也是一个企业凝聚力的核心所在。决定事业大小的不仅是领导者个人的能力，更为重要的是领导者的人格，包含了诚实、公正和责任感诸多要素，这些要素才是取得员工信任、赢得员工支持的关键所在。领导干部要坚持干工作是给自己干的，不是给别人看的，工作干得好坏，让群众去评价、让群众肯定、让群众褒奖，只有得到群众、得到员工肯定的干部才称得上是称职的干部，这是标准。一个领导者就是要把自己的精气神传递给每个员工，成为大家共同的精气神，归根结底，就是要靠人格的力量，人格说到底就是当领导要堂堂正正，关键时刻能站出来，什么是关键时刻，就是大局利益和个人利益相冲突的时候，我们领导必须能够站出来，我们当领导的不站出来难道让员工站出来？

因此，我们企业要发展，就要坚持真理，特别是领导干部要坚持沿着正确的方向前进。我们就是要对自己高看一眼，决不能混同于一个普通的劳动者。我们要说到做到，既要"说"得理直气壮，又要"做"得光明磊落。只有坚持不懈地践行真理，才能引导广大员工能够站在"理"字上想问题、办事情，就等于凝聚和团结起了员工，也只有这样，那些不和谐的人和事才没有市场。这关系到企业的人心向背，也关系到企业的前途和命运，必须正确地把握、牢牢地把握。也只有这样，才会得到广大员工的支持，得到国家和社会的支持，形成一呼百应的强大力量。

【案例】

众志成城大填海

在我们港口发展过程中，广大员工群众起到了至关重要的作用。我们说"员工的事再小也是的大事、再难也要办好"，员工们回应："港口的事再小也是大事、再难也要办好"，我们港口现在是一呼百应，就是因为我们得民心、顺民意。

2000年12月10日，当广大员工得知我们老港区一、二码头连体改造急需大量碎石回填时，大家利用上下班之际和休假日自发到社会上拉碎石填海，有的用自行车、摩托车、三轮车，甚至租车来港送碎石，星期天连员工家属、离退休老工人、货主单位、解放军战士都自发地投身于群众性义务回填活动中去。回填共历时99天，全港共有3万多人次参与，完成土石方回填10万方，工程节约资金3000余万元。

2005年11月4日、6日，青岛港新港区小港池回填义务劳动隆重展开。小港池改造扩大堆场工程是20万吨级矿石码头的配套工程，是我们为解决矿石压港、压船问题采取的重要举措。广大海港员工、离退休老员工、老领导、员工家属、铁路、军代处、货主、边防的同志又齐聚小港池，他们车拉人扛，挥掀大干。据统计，在两天时间中全港共有11477人次参加了小港池回填义务劳动，动用自卸车400辆，卡车、人力车，还有铁桶、篓子、脸盆、铁锨等不计其数，共回填土石方17800多立方米。小港池回填义务劳动，再次谱写了广大员工建家强家富家的崭新历史篇章。

2008年4月28日，火热建设中的前湾四期工程迎来了上万名特殊的客人——海港员工、家属、离退休老同志和青岛港湾技术学院学生、货主等，他们带着各式各样的工具，从四面八方齐聚海港，参加前湾四期工程建设义务劳动，争相为港口建设贡献自己的力量。此次回填，共有来自各方的一万多人参加，200余辆车参战，共完成回填土石方3万余方。

2011年2月15日，正月十三，一场声势浩大的"人民战争"在黄海畔浩然打响。12000多名海港员工、家属、离退休老同志、青岛港湾技术学院学生、船东货主、当地村民等，带着各式各样的工具，从四面八方齐聚董家口战场，争相为港口建设贡献力量。天还没亮，大家就分头从黄岛、青岛向董家口进军。12000多人，近300辆自卸车，近百部小型车，800多辆小推车，700多副抬筐，上万个编织袋……几个小时的奋战，共回填土石4万余方。

一次又一次的万人大填海，从中我们体会到了青岛港人改天换地的精神力量、学习力量、群众力量，这也是凝聚的

第十章 共创和谐 和合共生

力量、正义的力量。有了这种力量，我们要求的员工能做到，我们没要求的，员工也会努力去做；有了这样的力量，我们港口发展的根基将坚实无比，即使青岛港未来前进的道路上遇到再大的风雨、遇到任何急流险滩，我们也有了风雨无阻的勇气和战胜一切困难的信心。

和谐要共建共享

员工的心,企业的根。有了家庭的氛围就有了和谐精神,就有了向心力和凝聚力。一个企业,就得成为一个团结、温暖、和谐的家庭。建设这个家庭靠什么,靠各级领导来凝聚员工。只有把员工凝聚起来,每个人都充分发挥光和热,就会有爆发力,也会有创造力,这比什么力量都强大。

国家改革开放的根本目的就是要改善民生,员工的前途、命运就是青岛港和我们自己的前途命运,我们对员工负责、对员工家庭负责就是对自己负责,对国家负责。所以我们把"一心为民、造福员工"作为新时期青岛港的一个工作重点,让员工成为改革开放的最大受益者。在这种氛围中员工知道跟着我们这样干是有前途的,所以才能坚定不移地跟着我们走。

我们把员工当家人、员工的事当家事,永远为老百姓办好事、办实事。凡是有我们员工的地方,都要琢磨到、考虑到,想着他们的冷暖疾苦,坚持员工的事再小也是大事、再难也要办好,想方设法让员工过好日子。无论千难万难,我们把员工的饭碗当成天大的事,坚持不把一名员工推向社会,千方百计为员工重金造岗,十多年内部分流上万人次。我们从坚持年年为在岗员工长工资到年年为农民工长工资、为离退休老同志发放敬老补贴;从为老同志送煤、送绿豆到送花生油、送牛奶、送生日蛋糕;从为员工发放节日礼品、发放生日蛋糕到为农民工同样发放礼品和蛋糕;不仅邀请员工家属参观港口、参加员工田径运动会、艺术节,还为员工子女发放"六一"节日礼品,组织员工子女夏令营……不管内外部形势好坏,我们"一心为民、造福员工"的宗旨不会变,造福内容一年比一年丰富,受益面一年比一年广泛,造福内涵一年比一年深刻,不仅国家要求的我们坚决执行、坚决照办,只要是方便员工生活、符合员工意愿、满足员工需求的,我们也坚决要办。

特别是农民工作为我国产业工人的一支生力军,对经济社会发展做出了特殊的历史性贡献。农民工问题是具有中国特色的问题,是事关我国现代化建设顺利推进的大问题。改革开放,给农民兄弟创造了进城打工的机会,养家糊口,很不容易,特别对于中国人,否定农民工就是否定了自己的爹娘,没有农村哪有现在的城市。中国人都是从农民来的,只不过来得早点晚点,我们决不能看不起农民工。所以我们得有感情,要体谅他们的难处,格外地关心他们,格外地照顾他们,以心换心,把农民工兄弟切实视为自己的兄弟。做人第一条必须尊重人、爱护人,在别人心中才有人格、有分量。所以,无论是城市工人,还是农民工,都是我们的亲兄弟,大家成天一块流汗,一块出力,更得讲心心相印,更得讲团结一致，人人互相关心，互相爱护，形成好的风气。

现在很多事情，我们例行公事做是一个样，充满亲情去做就是另一个样。比如安全问题，如果把员工当做自己的家人，看到他们在现场干活，我们保证吃不好睡不好，盯着耳朵嘱咐，要注意，看哪儿不好要严肃叮咛。如果不当做家人，可能到了现场就是闭着眼转了一圈，有问题也会视而不见。感情就是这么厉害，而且掩饰不住，亲不亲不是一装就能装出来的，一干就看出来了。有感情，要求的能做到，没要求的也会努力去做。带着感情干和不带着感情干大不一样，用心干和不用心干大不一样，所以说感情出生产力，感情能够凝聚人心，我们就是要通过感情把一个国有企业不仅办成发展经济的实体，而且建成为一个亲情融融的大家庭。

【案例】

青岛港的百岁寿星

在广饶路26号大院，只要打听起这里居住着一位百岁老人席思海来，热心的居民立刻便会带你来到老人的家。这位老码头工人和他的家人做梦也没有想到，自己的晚年生活会因为新社会、因为青岛港而过上了福寿双全的好日子。

很早以前，只要一说起到"码头里"、"码头沿"，有着苦难经历的穷工人总会不寒而栗。席思海老人就生活在饱受帝国主义欺压的青岛港，过着吃不饱、穿不暖的苦日子。后来青岛解放了,码头重新回到工人阶级的怀抱。解放后席思海老人一直在大港公司加热伙房工作,专门给工友们熬制一种"高汤"(由葱花、猪大油、水调制而成),送到码头沿给那些出苦力、流大汗的工人喝。工人师傅们依靠这点少得可怜的油水维持体力,从事繁重的体力劳动。

老人1967年退休时才拿30多元钱,但他做梦也没有想到,一个没有多少文化的老码头工人现在居然开到了2400多元。因为我们认为,老同志把青春都献给了港口,献给了国家,没有老同志的贡献,就没有我们的今天,所以,我们把老同志视为港口的宝贵财富。宁可在职员工少长工资,也要保证给老同志发放敬老补贴,让港口的老同志们老有所养、老有所乐、老有所为。"活这么大年纪,多亏了青岛港啊!"每每说起现在老人的幸福生活,老人的女儿感慨地说。依靠我们年年递增的工资收入,老人不愁吃、不愁穿,想吃啥女儿给买啥,年年过节发放的节日物品我们总是想着先给老人送到家。

2006年的11月份,在为全港员工兑现增资时,我们怀里揣着第一份"敬老补贴"恭恭敬敬地送到了海港老寿星的手里。2007年11月29日那天,我们又揣着敬老补贴和当年又特加的福寿补贴来到了这位百岁老人的家,当老人颤巍巍地用双手从我手里接过滚烫的大红包时,眼睛里满含着激动的热泪。

"你说俺爸爸老来咋那么有福呢?"老人的女儿听说集团在继续提高离退休老同志养老金水平,为老同志发放"敬老补贴"的基础上,对年满100周岁及以上的每月增发600元的消息后,激动得好几宿没睡着觉。"看看俺爸爸这么大岁数了,这么有福气,再看看俺——哎!"女儿叹了一口气讲起了自己的故事。老人的女儿过去一直在青岛某仪器仪表厂工作,后来厂子效益不好,1993年她就退了,退下来后也长了几次工资,可长了好几回了,到现在能够拿到1008元,老人的女儿就觉得烧"高香"了。这些年里,看到百岁老父亲逢年过节又发这又发那的,自己退下来后厂子就不管不问了,过年过节哪还有发东西这一说?老人的女婿听到这里接过话茬说:"还有我们车辆厂呢,厂子现在早没了,老板卖了。现在国家政策好了,我的工资也是长了好几茬了,翘翘尾巴刚过千呢。""比不上俺老爸,他加上300元的敬老补贴,再加上600元的'福寿补贴',以后每月能开到2400元呢,我们两个加起来赶不上俺老爸啊。俺老爸活到现在101周岁了,多亏了青岛港啊!"老人的女儿越说越激动。这一切更让我感到,老人好,这说明了港口好。我们就是要把港口努力的发展上去,给老同志当好靠山,使他们切实感受到党的温暖、企业的关心,让他们的晚年生活更加美满。

第十章 共创和谐 和合共生

努力营造和谐的氛围

员工中的潜力无穷,这才是企业发展的真正力量所在。我们对员工不仅要有物质上的关怀,更要有思想上的关怀、感情上的关怀、心灵上的沟通。作为现代社会,现代的文明,员工不仅需要物质上的关心,更需要思想上、人格上的尊重,他们不仅是我们的下属,创造生产力的根本力量,更是我们的兄弟姊妹,我们必须善待员工,关心员工,理解员工,依靠员工,在企业中努力营造和谐的氛围。

实行民主公开,就是我们营造和谐的有力举措之一。它不仅不会影响管理者权力的行使,恰恰相反,它使这种权力的行使能够建立在更加广泛的群众基础之上,使这种权力的行使有了更加可靠的保证。它是对管理者的一种支持、一种保护、一种爱护。我们只有自觉地把自己置于群众监督之下,只有在决策过程中善于集中广大员工的智慧和力量,在实施决策过程中善于得到广大群众的理解和自觉执行,在监督决策落实过程中善于得到广大员工的有效参与,才会使我们的经营管理指挥权真正有效实施。也只有这样,才是真正做到对民负责,而不是对自己和少数人负责。因此,青岛港畅通了每年召开两次职代会、民主评议领导、员工接待日、队务管理十公开等20多种民主管理方式，包括港口改革、发展的方案、计划、规划等我们都与员工代表讨论审议。包括中层干部的任用、管理和监督方面，我们也坚持重视民意、依靠群众，把中层干部年度考核作为重要依据，采取民主测评、谈心谈话等方式听取员工意见，员工满意度高就放手使用，群众意见较大的就交流调整。有人担心这样的渠道不畅通，但是后来我们发现，凡是涉及员工切身利益的问题，都广泛征求员工、群众意见，把员工当做港口的主人，员工就会把港口当做自己的家。这样就形成了一个良性的循环。

这让我们也深刻体会到民主管理渠道必须拓宽，其目的不仅是让员工畅所欲言，还是为了让员工知道自己作为港口的主人，在自己的岗位上应当做好哪些事情，这样一来，我们的发展就会更加有生机和活力，员工在自己的岗位上才能够创造性地去工作。我们通过"民主恳谈问答会"、年年开展的"我为港口献一计"、"金点子"等一系列活动，让包括离退休老同志在内的全体员工了解青岛港每一个决策出台的过程，让员工知道为什么要这样做，应该怎样做。

同时，我们坚持对员工提出的一切问题，一定要有个答复，有个回音。这样我们才不会失去群众的信任。领导最怕什么，最怕失去信任，失去员工的信任，失去老百姓的信任。我们喜欢听不同反映，我们喜欢听现在的实际问题，有问题是正常的，没有问题是不正常的，员工盼着的是看我们怎么对待自己提的问题，怎么解决这些问题。

我们还一再要求各级领导要和群众交流，要交心，要让群众给我们提反面意见，提问题，提要求，这决不是故作姿态，而是我们发展的需要。可以大胆地说，指名道姓地说，有什么不满意都可以说，不让员工说话的领导就是存有私心的领导，所以我们青岛港没有什么不可以公开的，没有什么不可以和大家见面的。

员工需要的民主是最真实、最广泛的民主，不是条条框框和形式主义。这就要求我们要大胆地对民主管理进行全新尝试，首要一条就是把各级领导干部置于员工的监督之下。为此，青岛港形成并有效实施了民主评议领导干部制度、廉政行风监督员检查制度、员工代表上岗巡视、咨询对话制度、领导干部建立联系点制度、"十公开"制度等。我们认为，在企业，无论是什么职位的人，其根本都是企业的一名普通员工，所以领导干部应该想方设法、时时刻刻尽可能多地同员工打成一片，主动保持同广大员工的密切联系，把各项主张很好地同广大员工商量，只有这样，才是真正做到对员工负责，否则，恐怕就只能对自己和少数人"负责"。

和谐不是发发钱、发发物就能解决的，是对领导者最艰难的考验，是以心换心的工作。不仅我们要有心、有情，还要有毅力，是来不得丝毫懈怠和停顿止步的工作，更要坚信精诚所至，金石为开。即使员工对我们的一些工作有误会和不解，也不能松懈和放弃，必须让员工在工作和生活中"日久见人心"，把广大员工真正能够团结在一起，建立起互相信任、互相促进、努力工作的和谐氛围，形成支持企业生存、发展的精神，把员工的心紧紧地连在一起的纽带，使员工把个人的命运同企业命运、国家命运和民族命运紧密联系在一起，尽最大努力，发挥最大力量，为企业发展出力献策。

【案例】

港口的事再小也是大事，再难也要办好

全心全意依靠员工，既要让员工共享发展成果，更要让员工说主人话，尽主人心，负主人责，干主人活，共建美好家园。

如：传统港口装卸生产属于"脏苦累险"行业，为了改变这种状况，广大员工人人创新、岗岗创新、零距离创新，用鼠标革了铁锨的命。大港公司员工针对"五大难题"提出合理化建议1400多条，并且自己设计、自己研究、自己制作，完成了"智能平车机"等六大发明。我们的市场开发人员管情研究开发了货源分析系统，实现了市场开发的转型升级，为客户提供了更加经济、便捷、高效的订单式服务。我们的农民兄弟——"山东省首届百名农民工之星"赵树双珍惜港口每一分钱，通过老式吊车"油改电"等技改项目节约维修费、材料费达80多万元。全国优秀农民工、港口公安局消防员王召利执勤备战加班加点，灭火抢险冲锋在前。

我们的员工还坚持干就干一流、争就争第一，时时处处为港口争光添彩。大港公司装卸五队员工连续创造了16亿

瓶啤酒装船无破损的佳绩,"亿瓶精装"品牌名扬四海。集装箱装卸"振超效率"8次、铁矿石接卸"孙波效率"15次刷新世界纪录。QQCT国立生登上美国斑马公司全球企业用户峰会,代表全球253家用户、100多个著名港口,在世界讲台上宣讲港口智能拖车调度系统运行经验。大港公司唐卫荣获"全国技术能手"称号。港安公司汤克胜关于混凝土工艺方面的论文在国家级期刊《工业建筑》上发表。在山东省港航系统第四届劳动技能竞赛中,QQCT郭磊摘得桥吊冠军;物流公司苏升伟揽取叉车比赛冠军。港口公安局在山东省消防总队"打造铁军技术比武专职组比武"中一举囊括全部四个单项的第一名。港湾学院张鹏荣获"山东省十佳大学外语教学能手"称号。前港公司周兆祥在奥帆中心举办个人画展。

广大干部员工不仅把自己的命运和港口的命运紧密联系在了一起,更自觉地把自己的命运和国家、社会联系在了一起。近年来港口向贫困地区和社会捐款3261万元,捐衣物20多万件,捐书籍10万多册。其中2003年捐款600万元支援抗击非典斗争,2008年捐款644.9881万元支援抗击雨雪冰冻灾害,捐款1825.4681万元支援汶川抗震救灾,被民政部授予全国爱心捐助奖,2008年度"中华慈善奖"。2010年,又向青海玉树地震灾区捐款200万元。特别是在青岛市的浒苔自然灾害面前,我们让出6个黄金泊位接卸浒苔,为抗击浒苔自然灾害做出了突出贡献。在2009年4月庆祝海军成立60周年多国海军活动中,面对党和国家的需要,部队的需要,我们坚持国威至上、军威至上,不讲条件,不计代价,毫无条件，毫无保留，义不容辞，全力以赴，投入2000多万元，实施了10大类59个环境项目整治。不惜停工停产，牺牲港口利益，在最短的时间内将老港区5个码头腾倒出4个给各国海军使用。各级领导和中外官兵对我们的工作一致给予好评。

和谐的工作归根结底就是将心比心、以心换心的工作，作为国有企业我们义不容辞、责无旁贷。如果我们每个企业都能建成和谐的企业，那么我们的社会就多了一份和谐的力量，汇集起来就是我们国家和民族万众一心、众志成城、一呼百应的强大创造力和战斗力。